Ernst Augustin
Der amerikanische Traum

Roman

Suhrkamp

Umschlagfoto: Reinhart Wolf/Bilderberg

suhrkamp taschenbuch 1840
Erste Auflage 1991

Druck: Ebner Ulm · Printed in Germany
Umschlag nach Entwürfen von
Willy Fleckhaus und Rolf Staudt

1 2 3 4 5 6 – 96 95 94 93 92 91

Der amerikanische Traum

1

Ich bin ein beweglicher Geist, ich bewege mich schnell, fast schwerelos, und bin kaum zu treffen. Weil ich nie dort bin, wo man mich vermutet. Ich gehe durch die Straßen, mich selbst sozusagen wie eine versteckte Waffe mit mir führend, sonst eigentlich gar nicht richtig anwesend, und es sind dunkle Straßen, durch die ich gehe, schwarze und streng riechende. An der nächsten Ecke werden zwei Gestalten stehen, die mich schon von weitem ausgemacht haben und die ihr Glück gar nicht fassen können, der eine hat ein kurzes handliches Eisenrohr, und der andere hat ein Messer in der Hose, das er auch zu gebrauchen versteht – und nun komme ich als Silhouette in dieser gottverlassenen Gegend daher, möglicherweise noch mit Brieftasche und Rolex am Handgelenk (die mit den kleinen Brillanten, und die beiden können es gar nicht glauben). Doch dann an der Ecke, wo ein wenig graues Licht von der Seite einfällt, sehen sie mein Gesicht. Oder sagen wir, sie sehen, was in meinem Gesicht steht.

Und dann lassen sie es lieber sein.

So sieht das aus. Es hat Leute gegeben, ich meine Leute ohne genügend Instinkt, die die Zeichen nicht lesen konnten, die haben es dann hinterher bereut – wenn sie dazu noch Gelegenheit hatten. Also gut, ich will nicht übertreiben, einen oder zwei aber hat es gegeben, die es wirklich bereut haben. Und dann kann ich auch noch den Eddy dazurechnen, den Mickrigen, obwohl der gar nicht so viel abbekommen hatte, wenigstens nicht das volle Maß, verdient hätte er es. Jedenfalls wird er mich wohl in diesem Leben im Gedächtnis behalten, nehme ich an, im nächsten vielleicht auch noch.

Und da komme ich zu meinem eigentlichen Problem.

Denn, wo und auf welcher vertrackten Zeitspur ich nun wirklich laufe, darüber bin ich mir selber nicht ganz im klaren. Ich bemühe mich ja. Dennoch beschleicht mich manchmal das Gefühl (sneaks up on me) – keine Angst, nein, keine Angst, aber das bodenlose Gefühl beschleicht mich, eine Unperson zu sein. Ja, manchmal zweifle ich ernsthaft daran, überhaupt zu existieren. Es ist ein Geheimnis.

Ich meine, es ist mein Geheimnis, denn ich habe eines!

*

Dazu muß ich weit zurückgreifen, bis in das Jahr 1944, das vorletzte Kriegsjahr, und der Ort ist eine kleine Stadt in Mecklenburg, die dort merkwürdig solide an der Erinnerungsgrenze liegt: Es war ein prächtiger Sommernachmittag, ein gelbgoldenes Wunder mit Feldern, Wiesen, warmen nachgiebigen Chausseen; Gräser neigten sich, Käfer standen still, und nur das anschwellende Summen war hörbar, sehr hochliegend, als sich dort von Süden her, ganz planlos eigentlich, eine zweimotorige Lancaster näherte. Es hätte auch zu einer anderen Stunde, an einem anderen Ort geschehen können, nicht einen einzigen Millimeter, wahrscheinlich, wäre die Welt zur Seite gerückt, aber hier nun kam sie! In dem blauen Seidenhimmel. Es schwammen noch ein paar delikate Wolkentropfen darin, die, von oben gesehen, feine Schattensprenkel auf die Getreidefelder warfen – leise sich voranbewegend und so friedlich wie Gänsedaunen.

Die Lancaster war schon seit drei Stunden unterwegs, hatte sich über dem Raum des nördlichen Brandenburgs von einem Verband gelöst, war über die Dörfer der Müritz gestrichen, wo sie aber außer ein paar Kühen, Feldtraktoren und ein paar auf einem Abstellgleis stehenden Waggons mit Zuckerrüben keine lohnenden Zielobjekte gefunden hatte. Die Besatzung bestand aus drei Männern: dem Piloten, dem Co-Piloten, der auch Navigator und Funker war, und dem Gunner, dem Schützen vorn in der Glaswanne, der die beweglichen Bordkanonen betätigte. Letzterer war ein stolzes Muskelpaket, ein humorloser Mann, den sie »Bag« (Sack) nannten, fast breiter als hoch, mit einem fusseligen Haarschopf versehen oder, besser, mit zwei fusseligen Haarschöpfen, vorne und hinten auf dem Schädel; später würde er sie sich dann abrasiert haben. Der Pilot war sein Bruder Marko – eigentlich regelwidrig, daß sie beide in derselben Maschine saßen, aber das war kein Problem gewesen mit Hilfe eines gewissen Colonel Winters, den sie mit Extraverkäufen von Flugbenzin in der Tasche hatten. Bruder Marko war der weniger Ausgeprägte und Dürftigere von den beiden, so als ob er nur sekundäres Familienmaterial mitbekommen hätte, und sein Kopf sah nach Zangengeburt aus, breitgedrückt mit merkwürdigen Knochenwülsten vor den Ohren.

Dann war da noch als dritter der schmächtige

Eddy, der sich im Augenblick einen Spearmint in den Mund schob und danach noch einen. Es soll gleich erwähnt werden, daß er eigentlich keinen aktiven Anteil an dem bevorstehenden Unternehmen oder Verbrechen, wie man es nennen will, hatte, immerhin war er aber derjenige, der die Maschine von Brandenburg über den Müritzsee bis hierher navigierte, und insofern traf ihn doch eine gewisse Teilschuld.

Ungleich größeren Anteil hatte Bruder Marko. Er hatte das kleine bewegliche Objekt, das da unten auf der Straße aufleuchtete, in der Längsrichtung der Straße direkt angeflogen – nicht mehr als fünfzig Meter über Grund –, und er hatte wohl auch gesehen, was für eine Art Objekt das war, dem sie sich in rasendem Tempo von hinten entgegenschoben.

Hauptanteil aber – wenn man das jetzt alles aufrechnen will – fiel auf Bag, auf den starken Bruder, und in diesem Fall besteht überhaupt kein Zweifel, was Vorsatz, Mittel, Zeit und Gelegenheit angeht. Das Motiv mag nicht ganz einfühlbar sein, möglicherweise aber doch. Jedenfalls hatte Bag keinen guten Tag gehabt, er hatte, seitdem sie gegen Mittag eingeflogen waren, das wachsende Gefühl, völlig nutzlos in rote Ziegeldächer zu schießen, ohne Gewähr, daß da auch nur eine einzige Kaffeekanne zu Schaden kam. Die Landschaft war wie ausgestorben, oder jedenfalls hatten die Hasen da unten inzwischen gelernt, rechtzeitig in Deckung zu gehen. Dazu muß man wissen, daß in diesem Stadium des Krieges die Deutschen keinerlei Lufthoheit mehr über ihrem Gebiet hatten, die »Luftwaffe« stand aus Benzinmangel fest am Boden. Die täglichen Wellen der alliierten

Bomber rollten ungehindert mit ihrer Fracht über Mecklenburg nach Berlin, ohne allerdings wesentliche Mengen auf die kleinen Landstädte abzuladen. Dafür streiften tieffliegende Einzeljäger mit Jagdgespür über die Lande und schossen auf alles, was sich bewegte, Mann, Hund und Baum. Die sogenannten Tiefflieger, deren einer sich jetzt dem Städtchen Schwerin näherte.

Noch etwas zur Stimmung in der Maschine: Die beiden Brüder hatten hier völlige Oberhand, rein körperlich wogen sie zusammen nicht das Doppelte, sondern bestimmt das Vierfache des schmächtigen Eddy, der es in seiner Rangstellung sowieso nicht sehr weit gebracht hatte, außer, daß er der Mann war, der hier die Karte lesen konnte, wir können ihn ein wenig vergessen, er würde es auch später nicht sehr weit bringen; kleiner windiger Buchhalter wahrscheinlich, irgendwo in einem nördlichen Vorort von Detroit. Und den Mund tat er während der ganzen Zeit auch nicht auf.

Da waren die beiden Brüder schon andere Kaliber, die machten mit Gebrüll jede Kuh auf der Wiese aus, zwei hatten sie an diesem Nachmittag schon erlegt. Im Verein. Denn der deformierte Marko steuerte die Maschine an, und Bag vorne in der Glaskuppel pfefferte die Topfschüsse hinunter. Dann war da noch der kleine Güterbahnhof von Müritz gewesen mit den vier abgestellten Waggons mit Zuckerrüben, die nach allen Seiten spritzten, und das kleine Scheißhaus am Ende des Bahnsteigs war regelrecht auseinandergeplatzt. Aber sonst. Der Traktor auf dem Feld und der Mann im blauen Kittel, der mit hocherhobenen Armen übers

Feld gelaufen war. Und der kleine Schulhof zwischen den geduckten Dächern hatte sich mit explosionsartiger Geschwindigkeit entleert. Flink waren sie ja, die Hasen.

Ach ja, und dann waren da noch die lächerlichen Gesichter von zwei alten Werkspolizisten gewesen, die in dem Gestänge des Siloturms standen und ihnen mit grauem Entsetzen entgegensahen, als sie schnurgerade auf sie zudonnerten. Und offensichtlich ihr Schicksal nicht begriffen. Das war die Zuckerfabrik, die nachher brannte, aber gleich brannte sie auch nicht, Marko mußte noch einmal im Bogen zurück – er konnte so etwas sehr gut, wenn die Zuckerfabriken nicht gleich brannten, legte er die Maschine sofort auf die Seite und flog eine Schleife. Dazu »ya hoo«-ten die Brüder wie Cowboys, obwohl sie beide aus dem Sumpf gekrochen, jedenfalls nie auf einem Pferd geritten waren.

Ya Hoooh.

*

Der kleine Junge fuhr auf seinem Fahrrad auf der Chaussee zurück nach Schwerin. Er hatte am Neumühler See Holz gesammelt und jetzt ein gewaltiges Bündel trockener Äste hinten quer auf seinem Fahrrad festgemacht, damit nahm er sozusagen die Breite eines ganzen Fuhrwerks ein, hatte aber so viel Übung, daß er trotz seiner Ladung zügig fahren konnte. Bereits seit zwei Wochen hatte er Tag für Tag solche Bündel nach Hause gebracht, wo sie im Hausflur aufgestapelt wurden – ein relativer Reichtum, denn es war sehr wahrscheinlich, daß es im kommenden Winter (im sechsten Kriegswinter) keine Kohlen geben würde. So kann man sagen, daß er seine Pflicht tat, ja, aber die tat er mit einer ungeheuren Leidenschaft. Und zwar unter den härtesten Bedingungen:

Es war ein heißer Sommer, und der Neumühler See lag mit seinen einsamen dichtbewachsenen Ufern wie ein gewundener Urwaldstrom da. Er war nur ein paar hundert Meter breit, aber fast sechs Kilometer lang, und der Junge hatte keine Mühe, ihn in den Oberlauf des Orinoco zu verwandeln, wo er unter unglaublichen Strapazen das begehrte Edelholz Coïmbra aufspürte. Zwischendurch leckte er ein grünes Brausepulver auf (Waldmeister), das er sich aus einer dreieckigen Tüte auf die Hand schüttete. Das war »Planter's Punch«, ein brasilianisches Nationalgetränk, und das warme Juliwetter ging hier in ein absolut feuchttropisches Klima über, das Farnkraut am Wege war mindestens zehnmal so hoch, und selbst die Mücken, die sich an den Seeufern unangenehm bemerkbar machten, erhielten eine exotische Rolle zugewiesen, sie waren (wohl einmalig in der Geschichte dieses Sees) als Moskitos willkommen:

Hier wurde ein Mann gemacht. Schmerz, Stiche, schwielige Hände und zerkratzte Beine. Hier am äußersten Rand der Zivilisation mußte er sich beweisen. Bedroht von Raubkatzen, Fieber und den nadelfeinen Pfeilen der Yaqui-Indianer, die schon mit dem leisesten Anritzen der Haut aus zweihundert Meter Entfernung töten. So gewiß wie das Amen in der Kirche. Unter diesen kaum tragbaren Bedingungen zog der Junge sein Holz durchs Dickicht, gute trockene Äste, übriggeblieben von einem Baumschlag, bisweilen auch kleinere Stämme von einem Schnee- oder Windbruch, die er mit seinem Beil zerteilte. Dieses wiederum stellte aber eine gefährliche Waffe dar, eine, die er zu handhaben wußte, ja, das hatte er geübt, mit genau zwei Umdrehungen scharf mit der Schneide in den Stamm, wenn er genau auf vier Schritt Entfernung warf.

Denn da war noch Don Rodrigues, ein brutaler Polizeigouverneur, unter dessen Peitsche die ganze Gegend erzitterte. Sollte er in die Hände seiner Leute fallen, würde man ihn wahrscheinlich am nächsten Baum aufhängen, oder Schlimmeres. Was dieses Schlimmere beinhaltete, war ihm nicht vollkommen klar, aber so hatte er es im »Fluchtweg durch das Silberland« gelesen, und gewisse Ahnungen verband er damit. So daß er sich hier mit äußerster Vorsicht bewegte, auf jeden fremden Laut achtend, manchmal mitten im Schritt verharrte, ein Bein angehoben, ein geschmeidiges Tier mit allen Instinkten. Nach reiflicher Überlegung hatte er sich schließlich zu einem Umweg entschlossen, der ihn, die Flüsse Pinheiranho und Quaquo überquerend, in das Einzugsgebiet des Rio Negro führen würde. Von dort konnte er ans Meer gelangen.

So hatte er sich unter der sengenden Äquatorsonne, seine Last hinter sich herziehend, über dreihundert Meilen durch das Unterholz geschlagen, immer mit dem einen starken Gedanken, überleben zu wollen um jeden Preis. Die Zivilisation erreichen zu wollen, einen Hafen, Maracaibo zum Beispiel oder Port Bou, wo sein seltenes Edelholz ohne Zweifel einen ungeheuerlichen Preis erzielen würde (zu anderer Zeit hatte er auch noch ein Dutzend der verbotenen Kautschukpflanzen mitgeschleppt).

Die Waldwege des Neumühler Sees – der auf seiner ganzen Länge mit Ausnahme einer morschen, verlassenen Badeanstalt weit und breit keine Behausung aufwies – wurden zu mühsamen Dschungelpfaden. Kleine Wiesen zu gefährlichen Buschsteppen, die es zu überwinden galt. Der kleine Junge war zäh, braungebrannt, zum äußersten entschlossen, einmal war er von einem Pecari angefallen worden, er hatte durchgehalten. Nach anderthalb Monaten erreichte er mit seiner kostbaren Ladung die Neumühler Chaussee, wo im Schatten einer Mauer sein Fahrrad stand. Er hätte es auf dem direkten Weg einfacher gehabt.

Aber nun das Wunder. Keineswegs erschöpft, belud der Junge unter dem dicken Grün der Chausseebäume, die es damals noch gab, sein Fahrrad und fuhr auf dem leicht abschüssigen Asphalt seidig und mit Schwung los. Die Straße glänzte mattschwarz, die Bäume goldgrün und der Himmel blau mit zierlichen Wolken wie Gänsedaunen. Es war wunderbar, und der Junge – eben noch der bis zur Unkenntlichkeit abgerissene Cangaceiro – trug jetzt einen weißen leichten Staubmantel, eine Autobrille und einen bei Tempo hundertzwanzig wild wehenden Seidenschal. Die Neumühler Chaussee, schmal und mit einer Sandspur rechts für die Pferdewagen, wurde zu einem Speedway, der pfeilgerade auf die in der Ferne aufragenden Wolkenkratzer zuführte. Und er, über dem Armaturenbrett einer Rennwagenversion seines Bugatti kauernd, versuchte, die hinter ihm herheulenden Wagen der Chicagoer City-Polizei abzuschütteln.

Nach einer irrsinnigen Fahrt durch Neumühlen, die letzten Häuser hinter sich lassend, gelangte der Junge auf die sanft gewundene Strecke, parallel zum Lankower See, wo er mit dem sicheren Gefühl, keine Verfolger mehr hinter sich zu haben, das Tempo drosselte. Nunmehr die schönen kühlen Bogen der Chaussee ausfahrend. Wuselte da im gelben Hemd und in der blauen Hose von oben gesehen wie ein kleiner bunter Schnellkäfer durch das Gelände, zwischen den regelmäßigen Baumschatten aufleuchtend und wieder verschluckt. Während sich außer ihm auf der ganzen langen Strecke zwischen Neumühlen und Schwerin kein einziges anderes Fahrzeug bewegte, aber in diesem letzten Kriegsjahr gab es sowieso kaum noch Fahrzeuge, die sich hätten auf den Straßen bewegen können. Ein gelegentlicher Autobus vielleicht oder das klapprige schwarze Auto eines Doktors, das auf Holzkohle lief. Jedenfalls der Bus fuhr um diese Zeit nicht, und der Doktor war auch nicht unterwegs. Unterwegs war nur das rhythmisch aufleuchtende blaugelbe Pünktchen.

*

Während der schmächtige Eddy seinen Kaugummi aus dem Mund nahm, weil er ein käckerndes Geräusch aus dem Funkgerät hörte, und ihn unter seinen Sitz klebte. Aber dann schien doch nur Statik auf der Wellenlänge zu kommen. Er horchte genau hin und versuchte eine Scharfeinstellung, dabei hatte er sich intensiv über sein Gerät gelehnt und war – zumindest was seine Aufmerksamkeit betraf – wirklich nicht ganz präsent für das, was jetzt unter ihm geschah. Hätte man ihn später gefragt, er hätte noch nicht einmal gewußt, ob es nicht vielleicht der Wetterhahn gewesen sei.

Während Bruder Marko die Kirchturmspitze von Neumühlen knapp unter sich ließ und die Maschine donnernd über eine langgestreckte Reihe von Chausseebäumen zog. Dabei behielt er aber immer seinen Bruder Bag unten in der Glaswanne im Auge, ob dieser den Kopf hob oder nicht oder ob er mit der Hand deutete. Denn da machte sich Marko nichts vor: Obwohl er hier als Flugzeugführer »in charge« war, hatte immer nur einer das Sagen, und das war Bag. Hier, jetzt und überhaupt. Das war einfach eine Tatsache, nie hätte er sie angezweifelt. Bag war der Stärkere, der unendlich Gelassene, er konnte alle diese Dinge tun, Telefonbücher zerreißen, Tische mit den Zähnen hochheben. Nie, auch nicht bei schneidender Kälte, trug er etwas anderes als ein schwarzes T-Shirt, das eng wie ein Handschuh war und seinen ungeheuren Körperbau in jeder Einzelheit modellierte, jeden einzelnen Muskelstrang. Wie in diesem Augenblick, da er sich in der Glaskanzel zurechtlegte, in eine Art Zielposition ging, weil er offenbar unten etwas gesehen hatte. Dabei stand seine trapezförmige Rückenmuskulatur wie ein Brett, und sein Bruder Marko starrte in langgewohnter Achtung als auch Entsetzen darauf hin.

Zu Hause, in Tequahassee, Florida, auf den sumpfigen Pfaden seiner nur vier Jahre dauernden Kindheit, hatte Marko gelernt, daß es einen Gott gab, dem er sich unter Schmerzen zu beugen hatte; der konnte im

Zweifelsfall mit einem Griff sein kleines Genital abquetschen, daß er die Engel singen hörte. Und später, als sie beide dieses Krabbengeschäft betrieben, mußte er, Marko, bis an die Schultern im braunen Wasser stehen, während er, Bag, oben auf dem Brett ihm den Fuß auf den Scheitel setzte und ihn, wenn er wollte, unter Wasser tauchte. Seitdem hatte er einen faulbraunen Geruch in der Nase, einen pißwarmen, etwas klebrigen, den hatte er nicht mehr abtun können. Den hatte er ein für allemal geschluckt, in Tequahassee, Florida.

Dagegen trug er sich aber zum Ausgleich fein, ganz desperat fein, mit seinem »King Edward« unter der Kombination – einer Art Frackhemd, das ihm mit den gespreizten hohen Kragenecken das Aussehen einer aufgeputzten Artischocke verlieh, damit wollte er sicherlich seine Unabhängigkeit ausdrücken. Die er eben nicht hatte. Und aus diesem Grund drückte er jetzt zum Beispiel die gewaltige zweimotorige Lancaster mit der Nase nach unten, daß sie aufheulte, um dieses zu beweisen. – Die Lancaster hatte kurz zuvor einen Umbau erfahren, nämlich vom Typ B 25 zum Typ B 25 B, welches bedeutete, daß das Krähennest, die Glasblase für den hinteren Gunner, verschwunden war, dagegen der vordere (in diesem Fall hatte sie nur noch einen) in seiner Wanne mit Zwillings-Oerlikons ausgerüstet wurde, die äußerst effektvolle Feuerstöße von zwölf Schuß in der Sekunde abgeben konnten. Auch hatte sie einen frischen paint-job erfahren mit einer, wie Marko dachte, besonders pfiffigen Inschrift auf dem Bauch der Maschine, hahaha, und während er sie jetzt noch einmal in den Tiefflug hineindrückte, um sie dann hinter der Elbe zu den zurückkehrenden in dreißigtausend Fuß Höhe fliegenden Verbänden hochzunehmen – –

– – deutete Bag plötzlich nach vorne auf ein winzig blaugelbes zeitweilig aufleuchtendes Objekt. Er, der Jäger, der Gelassene, der sich nun bequem zurechtlegte, hatte es gesehen:

»Da!«

*

Die Leihbücherei lag in der Wittenburger Straße, ziemlich weit oben, noch vor dem Wittenburger Berg, wo die Straße zum Marienplatz abfällt. Draußen vor dem Schaufenster mit den dramatischen Titeln quietschte die Straßenbahn vorbei. Frau Ziemsen, die Inhaberin, hätte dem Jungen lieber gute Jugendbücher gegeben, »Siegesmund Rüstig« oder »Die Wölfe vom Haselberg«. Aber der kannte schon seinen Weg, zum dritten Regal, hinter der Liebe und dem Humor, da standen in sechs, acht Reihen die schattigen Einbände mit den Hafenmauern, die sich in schwarzen Wassern spiegelten, und den Bogenlampen im Nebel. Der Mann mit dem Koffer, Tod im Bristol-Express, Die indische Maske, Haus mit den sieben Schlössern. Der kleine Junge hatte sie alle sorgfältig gelesen, die Mordgeschichten, säuberlich in sich aufgenommen und gelebt. Und es waren gar nicht die Morde gewesen, die ihn erreichten, die nahm er nur nebenher wahr, nein, es waren die stahlharten Herren in ihren Tweedanzügen, die Männer mit dem vorgereckten Kinn, die erreichten ihn. Er selber war es, der auf die Dächer fahrender Züge sprang, der die Feuerleitern hochstieg.

Der am rauchenden Kamin saß und den Fall löste, er kannte sich aus in den großen Städten, wo das Verbrechen herrschte; er wußte, wie man vom Piccadilly zum Charing Cross gelangte, war über die Michigan Avenue in Chicago gefahren und über den Broadway, diese ungeheuerliche Straßenschlucht mit den aus ungeheuerlicher graublauer Höhe sich absenkenden Fensterwänden. Unten die wilde Autojagd und hoch oben das Dachgartenorchester im achtundvierzigsten Stock.

Jetzt hatte er nämlich den Spieß umgedreht. Auf der letzten geraden Strecke vor dem Lankower Berg wurde er nun seinerseits zum Verfolger. Hawk, der Falke, der den berüchtigten Gangster Babyface jagte. Er hatte ihn in seinem Appartement im Ritz Hotel gestellt, hatte, als er eintrat, sich zur Seite rollen lassen, zwei gezielte Schüsse auf den Gangster abgegeben und sich dann in einem Fensterputzeraufzug aus dem vierunddreißigsten Stockwerk abgeseilt. Jetzt jagte er dem havannabraunen Packard hinterher, in dem – das konnte er deutlich erkennen – Babyface mit zwei seiner Strongarms saß, er konnte sogar die stählerne Zigarettenspitze erkennen, wenn dieser sich umdrehte, das war sein Markenzeichen. Und das ganze vor einer stahlgrauen und silbergleißenden Wandkulisse, hoch oben von verchromten Kuppeldächern gekrönt – letzteres stammte aus der »Stadt ohne Gnade«.

Der kleine Junge liebte die Bücher mit den Wolkenkratzern auf dem Umschlag. Diese himmelhohen gestuften und kantigen Türme, die aus dem Stadtdunst ragten, die waren wunderbar. Einer hatte oben einen

Bronzeglobus, von einem riesigen Herkules gestützt, und einer trug sogar ein ganzes erleuchtetes Schloß auf dem Dach (in dem sich die Millionäre trafen). Einen Umschlag aber liebte er besonders: Im Vordergrund der Rücken eines Mannes in Hut und Mantel mit hochgeschlagenem Kragen, der in eine Welt nächtlicher Lichtreklamen hineinwandert, lange Schatten hinter sich werfend, während über ihm, sozusagen vom letzten Licht des Tages gestreift, eine Art weißer Dom leuchtete. Das Buch selbst war nicht eines der besten oder jedenfalls nicht erste Klasse – denn der kleine Junge war durchaus in der Lage, mindere Qualität zu erkennen –, aber dieser Mann würde er einmal sein. Eines Tages würde er selber mit hochgeschlagenem Kragen, mit Hut und einen langen Schatten hinter sich werfend, in solch eine zuckende Lichterwelt hineinwandern – obwohl das in den verdunkelten Straßen seiner Kindheit nur sehr schwer vorstellbar war. Lichtreklamen, selbst die winzigsten, hatte er noch nie in seinem Leben gesehen, auch nicht die vom Kapitol-Kino in der Arsenalstraße, denn die war seit mehr als fünf Jahren abgestellt.

So darf man sagen, was ein künftiges Leben anging, war der Junge wohl nur zum kleinen Teil auf die Realität vorbereitet gewesen. Zu einem sehr kleinen Teil. Was jedoch nicht hieß, daß er für sein Alter gar keinen praktischen Sinn und Verstand hatte: Er vergaß über seinem Tempo hundertzwanzig (und mit hundert in die Kurve) durchaus nicht das hinten auf dem Fahrrad angeschnallte Bündel, das die Neigung hatte, jeweils rechts oder links auszubrechen, und fuhr dementsprechend durchaus vorsichtig und konzentriert, sogar behutsam. Er konnte eben beides zugleich, das war seine Stärke. Und außerdem hätte er mit der Zeit ja auch noch ein bißchen mehr vom wirklichen Leben erfahren. Wenn er eben – und da liegt das Problem, mit dem ich es zu tun habe – wenn er eben noch genügend Zeit gehabt hätte.

Aber dieses war offenbar nicht mehr der Fall, als er nun das anschwellende Donnern hinter sich hörte und, sich umblickend, die graugrüne aus einer anderen (besseren) Welt auftauchende Maschine knapp über den Baumwipfeln auf sich zurasen sah. Da ging etwas Erstaunliches in ihm vor: kein Schock, keine Lähmung, überhaupt keine Angst – nur eine Erwartung. Was war das?

Da waren sie, die Wesen aus den Wolkenkratzern.

Da waren sie auf einmal zu ihm gekommen.

Und als der Feuerstoß über den Asphalt spritzte, spürte der kleine Junge gar keinen Schmerz – der Gunner oben in der Kanzel hatte die beiden roten Knöpfe gedrückt, die eigentlich mehr Handgriffe waren und sich mit Eindellungen jeweils den vier Fingern anpaßten – sie waren rechts und links simultan zu drücken, eine Sicherheitsvorkehrung, und wenn sie gedrückt wurden, sah das aus wie ein doppelter Strahl gleißender Spucke, den die Maschine da weit vor sich hinspie, da lag er schon auf dem Rücken, das Fahrrad war irgendwie zur Seite geschmettert, und das Holz war ganz einfach verschwunden.

Lag auf dem Rücken, als die Maschine über ihm hinwegdonnerte.

Fühlte gar nichts.

Sah nur den graugrünen Bauch, »Deathdealer«, der

plötzlich so breit über ihm stand, daß er die ganze Welt ausfüllte. Den Namen, der da groß aufgemalt war, konnte er lesen, wenn auch nicht verstehen, er dachte, sie haben eben eine fremde Sprache: Deathdealer. Dann war es ganz still. Kein Laut. Nicht einmal das abschwellende Motorengeräusch, der Hügel hatte es verschluckt. Ja doch, ein leises stetes Sirren hörte er, das war sein Fahrrad, das umgestürzt dalag und dessen Vorderrad sich noch frei und zügig drehte, er hatte es gut geölt. Und nun sah es für ihn aus, als ob es im blauen Himmel führe.

DEATHDEALER.

Er war jetzt nur noch ein ärmliches Häufchen, das schnell noch ärmlicher und kleiner wurde. Kein Blut. Ein ganz dünner Blutfaden vielleicht, der aus dem Mundwinkel trat. Aber innerlich war wohl etwas ernstlich eingedrückt, der Brustkasten und der offene Bauchraum, wohin das Blut abfloß und das kleine Gesicht weiß machte, spitz und hohl wie einen dieser papierdünnen Vogelschädel, die man manchmal findet.

Das war nun nicht mehr zu übersehen.

Der kleine Junge starb.

Mit all seinen Schätzen, mit all seinen ungeheuerlichen nicht gelebten Möglichkeiten war er im Begriff wegzugehen, einfach aufzuhören, abzufallen. Ins Nichts? Ins Garnichts? Als ob nichts gewesen wäre?

So geht das doch nicht. Ich bin aufgestanden und habe die Hand gehoben, ja das gibt es, ich kann aufstehen und die Hand heben, und ich sage: Ich akzeptiere das nicht. Da liegt eine ganze Welt, die liegt doch schon da, fast schon Fleisch und Blut und atemloses Erstaunen. Und nun einfach Zero?

Nein.

Ich akzeptiere das nicht, ich habe ja gesagt, daß ich ein Geheimnis parat habe: Ich bin Hawk, der Falke, und ich bin schon ziemlich deutlich vorhanden mit dem langen Schatten, den ich hinter mich werfe. Und mit der Inbrunst und der Leidenschaft, die er mir gegeben hat. Ich bin, wenn man so will, sein Geist (aber ganz stimmt das auch nicht), und ich bin deshalb so sehr am Leben, weil er mich so lebendig gemacht hat.

Dort liegt er, halb im Graben, seine Beine liegen etwas höher und sind seltsam verwinkelt, er liegt auf dem Rücken, und hinter ihm steht ein Baum, ein Ahorn, den kann er nicht mehr sehen, aber er sieht das Fahrrad über sich, das sich immer noch dreht – das vordere Rad dreht sich –, und das ergibt einen Zeitablauf, ein paar sinnlose Sekunden, die noch übrigbleiben, die aber ungeheuer wichtig sind: Das Gras weht ganz langsam, es steht hoch im Graben, und dort bewegt es sich wie im Wasser fliesend. Der Graben, ja der Graben ist auch wichtig, der riecht gerade in diesem Augenblick übermäßig stark und grün. Jede Einzelheit ist wichtig. Der Sonneneinfall, der Schatten, der genau bis zu den Füßen des kleinen Jungen reicht. Genau bis hierhin – – – und auch nicht weiter. Denn so muß es festgehalten werden.

*

Während sich drei Leute, Männer in ihrer Lancaster, in eine Zukunft fortbewegen, in der sie Buchhalter, Ehegatten, Trinker, Geschäftsleute sein werden. Sie werden ins Kino gehen, Autos kaufen, in Mietwohnungen wohnen, in Vorstädten, die sich gesichtslos oder auch bedrohlich zu Bahngeländen und Flußniederungen hinziehen. Sie werden Fruchteis essen, in Sesseln sitzen, telefonieren, Geburtstage feiern, Jubiläen, Jahreswechsel, alles das werden sie tun können, weil sie sich von diesem Ort schnell mit Hilfe überstarker Motoren des Typs B25B entfernen.

Und mit Hilfe der Zeit, die für sie weiterläuft und in der sie – zu ihrem Glück – nicht mehr so leicht erreichbar sind.

2

Die Stadt ist ein Schachbrett, schwarz mit grauen Straßen, ein paar lackierte Glanzlichter an den Ecken, oder weiß mit schwarzen Straßen, wenn Schnee gefallen ist. Der Mann hat sein Büro in der Potter Street, direkt gegenüber dem Hotel Fairbanks. Er sitzt im ersten Stock, unten ist eine Bar im Haus, von wo sie ihm eine ständige saure Woge von Bierdunst hochschicken. An der Tür hat er ein Schild »Hawk Steen, private Ermittlungen«, aber nicht so ein dürres, sondern in dickem Messing mit gewölbter Kante, und er sitzt hier in Hemd und Hose in einem Rohrstuhl auf einem gelbbraunen Fliesenboden mit Sternenmuster. Rasiert ist er auch nur unvollkommen, so stelle ich mir das vor. Für die 357er Magnum, vernickelt mit Gummigriff, trägt er das Schulterhalfter, das nur ein wenig unter dem Hemd zu sehen ist, das genügt schon. Die Leute wollen einen Sleuth, ein gefährliches privates Auge – also kriegen sie einen.

Wenn er abends um sieben zum Essen geht, dann ist die Potter Street wie leergefegt. Das »Eats«, einen Block weiter, ist durch eine rotblaue Neonschrift beleuchtet, bis dahin sind es hundertfünfzig Schritte, vielleicht zweihundert, und er geht diese Strecke zu Fuß. Drinnen sitzen dann meist nur ein paar arme Wesen, die sowieso nichts mehr zu verlieren haben, ein dürrer Mann vom Reinigungsdienst, eine Dame mit großen Löchern in den Strümpfen, zwei hinten und ein riesengroßes über dem weißgrauen Knie. Jedermann weiß, daß in dieser Nachbarschaft entweder Schwerbewaffnete (ich meine Schwerbewaffnete) oder aber Irrsinnige nachts auf der Straße herumlaufen. Und der Daddy hinter der Theke, der in einer gewissen Panik die Steakburger serviert, weiß das auch, sicherlich steht da noch jemand im Hintergrund – ein Sohn oder eine Ehefrau – zwischen den Regalen mit der Flinte in der Hand. Das ist nämlich die Situation, wenn die Gäste aufgegessen haben, gehen hinter ihnen sofort die eisernen Rolläden herunter. Und der Mann, der die hundertfünfzig Schritt zurück durch die Straße geht, weiß, daß die Leutchen sehr tapfer gewesen sind, nach sieben hier noch einen Dollar verdient zu haben.

*

Sollte ich sagen, daß ich dieser Mann bin.

Manchmal glaube ich, ich bin viel zu spät gekommen, oder ich bin nicht am richtigen Ort – das ist auch möglich. Da betritt zum Beispiel ein Herr Penivalkyi mein Büro. Eine nette kleine Kugel, die da hereinrollt, adrett angezogen mit Seidenhemd und Krawatte in einem graugestreiften Businessanzug. Er will also ein Geschäft am North River Drive aufmachen. Wo? Am N. W. North River Drive!

»Mr. Pennywalker«, sage ich, »das ist eine schlechte Gegend.«

»Penivalkyi«, er lächelt sogar wie eine kleine Kugel, und ich kann ihn gut leiden.

»Also gut«, sage ich, »Mr. Pennywalker, lassen Sie es mich so formulieren, ich bin überzeugt, daß die Gegend, die Sie sich ausgesucht haben, unbewohnbar ist – aber dann wiederum ist hier jede Gegend unbewohnbar, und deshalb werde ich mich der Sache annehmen.«

Das hatte ihm gefallen.

Also, ich bin dann tatsächlich hinausgefahren. – Normalerweise macht man so etwas mit dem Stadtplan. Es melden sich immer wieder Geschäftsleute, die wissen wollen, auf was sie sich da einlassen; die Leute könnten sich natürlich selber umsehen, aber das erscheint ihnen wohl schon als zu riskant. Der Angstpegel sozusagen, der unsereins Arbeit verschafft. Ich lasse dann den Spezialisten weit heraushängen, lasse in einem halbgeöffneten Schrank meine Ausrüstung sehen, die Weste mit dem Stahleinsatz, die Loyola und die Smith & Wesson, die abgesägte Schrotflinte, die ich am Haken hängen habe. Und wenn der Klient gegangen ist, hole ich den Stadtplan hervor, bestimme das Planquadrat und vergleiche die vier, fünf in Frage kommenden Blocks mit der Statistik. Die ich wiederum – das hätten die Leute auch selber tun können – der Zeitung, der »Watchacoogie Gazette« entnehme:

17. St. North, Mann in pfirsichfarbenen Hosen zwang 29jährige Frau in seinen dunkelgetönten Wagen und vergewaltigte sie.

Forshey St., Mann mit einer Hand unter der Windjacke (offenbar Waffe) beraubte Sammy's Restaurant um $ 1200.

47. St. N., Alfredo Barahona, der Einkaufstüten aus seinem Auto holte, wurde am Hals festgehalten – Mann in gelber Windjacke mit Pistole nahm $ 4.

Ich habe das alles in meinem Schrank geordnet, mache einen Monatsschnitt und komme auf die entsprechende Quote: gemischt risikoreiche Gegend, siebzehn Raubüberfälle, sechs Vergewaltigungen, keine Todesopfer. Ja, das ginge noch, das wäre immerhin noch im Mittel; und was soll ich sagen, solche Auskünfte, wie ich sie gebe, sind sogar stichhaltig, und meine Klienten sind zufrieden.

Also, bei meinem Pennywalker machte ich dann einmal eine Ausnahme, ich wußte auch nicht genau warum, vielleicht weil mir das ehrenhafte »yi« am Ende gefiel. Kreuzte eines Abends um sieben Uhr in der bewußten Straße auf mit der Absicht, das Karree eine kleine Stunde lang abzuschreiten. Die Gegend war, wie erwartet, wenig vertrauenerweckend. Es gab einen um diese Stunde verlassenen und dunklen Park, die vorhandenen Häuser am N. W. North River Drive waren von der Straße abgewandt und ebenfalls dunkel, und zum Ufer hin, ungefähr eine Viertelmeile aufwärts, wo sich ein unübersichtliches unbebautes Gelände erstreckte und wo Pennywalker offenbar bauen wollte, sah ich zwei, drei Feuer in Blechtonnen – da hatte sich wohl schon jemand niedergelassen. Entweder in dem abgebrochenen Kran, den ich am Ende des Grundstücks zum Wasser hin ausmachen konnte, oder in den Resten eines Lastwagens – das erweckte in mir auch kein großes Vertrauen. Dafür ragte aber hinter der Brücke das kranzförmige Gebäude des City Courts auf.

Es war ein sanfter Abend mit einer dunkelgrauen, leisen Luftströmung vom Fluß her – ein Abend für späte Spaziergänger. Also machte ich mich auf den Weg einmal um den Block herum, erst bis zu dem Knick im River Drive, dann im rechten Winkel die

11. Straße hinauf, wo rechts und links relativ ansehnliche Häuser standen. Ich traf keinen Menschen auf der Straße, nur einmal kam jemand mit einem Müllsack heraus, war sich offensichtlich der Gefahr bewußt und ließ seinen Sack im Stich; erst als ich vorbei war, trat er wieder aus dem Haus. Er wollte wohl die Müllentleerung am nächsten Morgen nicht versäumen. Dann sah ich noch einen Hund, der selbständig einsam um den Block lief, war ohne Zweifel darauf trainiert und lief mit der Nase am Boden eine flinke Spur ab. Früher lief der Hund im Schutze des Herrn, damit er nicht von anderen Hunden gebissen wurde, dann lief der Herr im Schutze des Hundes um den Block, und heute schicken sie den Hund alleine los.

Ich glaube, ich habe dann noch jemanden erschreckt, als er gerade aus seinem Auto steigen wollte, er machte sich ganz flach, so daß ich hinter der Rücklehne nur seinen Scheitel erkennen konnte, er hätte sich eben noch flacher machen müssen. Soweit war also mein Spaziergang ganz glücklich verlaufen. Ich bog dann von der 11. in die 7. Straße ein, die hier ganz unsystematisch als Querstraße verlief, ging die ganze 7. hinunter, bis ich wieder auf den North River Drive stieß, wo sich an der Ecke eine Verkehrsampel befand, die ganz über Gebühr lange Rot anzeigte.

Hier – also, das sollte ich vielleicht doch noch erwähnen – trat mir eine Person entgegen, wenn ich sie beschreiben sollte: schwarz, männlich, massiv gebaut, gestrickte Wollkappe, Stauerjacke. Trat da aus einer Bretterverschalung, ich weiß nicht, was sie da bauten, und setzte mir ein Messer an die Rippen – – –

Ich kann nicht sagen, daß es eine große Überraschung war. Nun hätte ich jetzt die 38er oder sonst etwas Professionelles ziehen müssen, aber das wäre vielleicht gar nicht so professionell gewesen. Deshalb zahlte ich ihm lieber die zwanzig Dollar, die er sowieso von mir erwartete. Enttäuscht? Zugegeben, ja. Aber es ist die Wirklichkeit, man gibt zehn, zwanzig, sogar fünfzig Dollar, soviel ist das Leben eben wert – am besten man hat den Betrag gleich in der Tasche parat, sonst wird man am Ende noch die ganze Brieftasche los.

Ich hatte dann einen entsprechenden Bericht verfaßt: Relativ ruhige, bürgerliche Nachbarschaft, kein erhöhtes Sicherheitsrisiko, Müllentleerung auch nachts möglich, Vorsicht an der Einmündung der 7. Straße in den River Drive; hier Wagenfenster geschlossen halten, wenn nötig Rotlicht überfahren, nicht stoppen – und auf keinen Fall zwischen sieben und acht. Na ja, ich wollte es ja nur deutlich machen, wenigsten zog mein Pennywalker, der sich wahrscheinlich sowieso nicht hätte abschrecken lassen, hochbefriedigt davon. Denn er *wollte* sein Gemüsegeschäft, mit der Pappbanane oben auf dem Dach.

Ich gebe zu, ich hatte mir das alles etwas anders vorgestellt, nobler, kühner, eleganter, und, wenn ich ehrlich sein soll, eigentlich auch weitaus interessanter. Worauf die Sache hier in Wahrheit hinauslief, waren ein paar Überwachungen des Ehemannes oder der Ehefrau, sieben Tage in der Woche, Hawk Steen, Privatdetektiv. Und die Teenager, die wiederaufzufinden waren, kamen dann noch dazu und der Wach- und Sicherungsdienst im Weihnachtsverkauf bei Hall &

Schmidt in der Oak Street. Der Mann aus Havanna mit den völlig unersetzlichen Plänen für ein zerlegbares U-Boot im Aktenkoffer, der bereit wäre, für meine unschätzbaren Dienste dreißigtausend Dollar anzulegen, der kommt eben nicht.

Ein kleines Nachspiel darf ich noch berichten. Gestern trete ich mit meiner Zeitung unter dem Arm auf die Straße, und wen treffe ich ganz zufällig? Pennywalker. Meinen Freund Pennywalker in sichtlich schlechter Verfassung, der Schlips hängt ihm tief unter dem Kragen, der Anzug ist zerknittert.

»Nanu, Pennywalker«, sage ich, »Sie sehen ja traurig aus, haben Sie Schwierigkeiten?«

»Nein«, erklärt er, »das ist es nicht.«

»Oder sind Sie nicht zufrieden, hat mein Bericht nicht gestimmt?«

»Doch, doch«, sagt er, »das ist es nicht, gestimmt hat er schon.«

»Aber?«

»Es ist«, sagt er und dabei läuft sein Blick rückwärts, »es ist – –, daß er eben gestimmt hat.«

– – –

Um es kurz zu machen, Mr. Pennywalker war überfallen worden, wann? Gestern. Jemand hatte ihm ein Messer vorgehalten, wenn er ihn beschreiben sollte: schwarz, männlich, massiv gebaut, gestrickte Wollkappe. Wo ist denn das gewesen? An der Ecke Siebter und North River Drive. Hatte an der Ecke angehalten, und sein Fenster hatte er auch nicht geschlossen gehabt. Zweitausend Dollar, was? Zweitausend Dollar.

»Oh Mann«, stöhnte ich, »jetzt sagen Sie mir noch, um wieviel Uhr das war.«

»Zwischen sieben und acht.«

Ich hatte es ja vorausgesagt. Aber eines war sicher, jetzt glaubte der Mann an mich.

*

Ich sehe, der Sprung war sehr weit, was meine gegenwärtige Existenz angeht. Aber dann wiederum: Wie erging es denn dem Hans, der vom Vater zum Bierholen gerade nur einmal um die Ecke geschickt wurde; das ist auch eine sehr weite Geschichte und gehört gar nicht hierher.

Aber es ist eine schöne Geschichte, weil alles darin enthalten ist, das Zeitmaß, die Wirklichkeit und die Welt als Gleichnis. Das waren noch die 1-Liter-Glaskrüge mit dem Zinndeckel, damit nichts überschwappt, und das Geld bekam der Hans eingewickelt in die Hand, zwei Groschen. Als er gerade nur einmal die Straße hinunter zum »Erdinger« gehen sollte, um das Maß Bier zu holen, und als er dann auf dem Rückweg einen kleinen – also sagen wir, dann doch nicht so kleinen Schluck nimmt und, weil er so übermüdet vom Weg und vom Durst ist, noch einen kleinen. Dazu hat er sich dann an der Ecke auf die Steinschwelle gehockt, es ist immerhin ziemlich heiß, die Schwalben fliegen tief, ganz tief, und das Bier hat ein ganz eigenes goldgelbes Gewicht. Als er dann durch den Schaum hindurch noch einen Zug tut – das hat er möglicherweise schon öfters getan, aber nie so ganz tief, nie so einen ganz tiefen Zug. Jedenfalls ist das Glas dann leer. Als er noch auf der Schwelle hockt und den blanken Boden mit ganz wenig Schaum sieht. Da hat er sich wohl zu fürchten angefangen und will nicht mehr heimgehen.

Also gut, das läuft noch eine Weile so weiter. Als der Hans da hockt und das Männlein mit vorgerecktem Kinn des Weges kommt, kein Detektiv, das nicht, aber ein Schiffswerber, der auch einen langen Schatten hinter sich wirft, in Lackzylinder und gestreifter Joppe, wie es sich gerade so fügt. Und der sagt: Was fürchtest du dich, dort liegt die Welt, indem er um die Ecke zeigt, aber in umgekehrter Richtung, und der Hans sich bereden läßt und auf das Schiff geht, wo er saumäßig behandelt wird und schlecht beköstigt mit Zwieback, aus dem er die Würmer herausklopfen muß. Als dann schließlich das Schiff untergeht – vom ersten wurde er von einem Chinesen gerettet, als es mit einer Ladung Reis im Hafen von Plymouth ausbrannte –, als dieses nun unter seinen Füßen wegsinkt, auf hoher See, und er in die Rachen der Fische sieht. Die Rettung aber in Gestalt einer wunderschönen Dame kommt, die gerade mit ihrer Lustyacht unterwegs ist und noch nie einen solch schönen nassen Jüngling gesehen hat, und wie er dann ganz neu eingekleidet in Lissabon in einem leichten Gefährt aus poliertem Schwarzholz mit der Braut zum hohen Haus kutschiert. Wo sich folglich die Tragödie begibt und er zweihunderttausend Hektar Land erbt, nebst Landhäusern, Dörfern, Stadtrechten und Liegenschaften, eine ganze Provinz. Die Braut aber – gerade angetraut – spitz im Sarg liegt mit den typischen Würgemalen am Hals dicht über den Schlüsselbeinen, die aber blauschwarz gar keine Eindellungen, eher Erhebungen sind und insofern gar keine Würgemerkmale, sondern ganz tückische Symptome einer Erbkrankheit darstellen, die niemand wahrhaben will – es hat irgend etwas mit dem Rhesusfaktor zu tun –, die Dame hätte eben nicht heiraten sollen, aber das will ja niemand wissen. Als die mächtige Verwandtschaft auftritt.

Da ist es dann soweit. Im Verließ steht das Seewasser kniehoch, weil die Stadt Lissabon zu dicht und zu tief unter das Meer gebaut ist. Der Richter, die Beisitzer und Ankläger nebst Schöffen sprechen alle in einer verwaschenen Sprache die Todesstrafe aus, die hier angewandt wird und im Erdrosseln besteht. An einem verdeckten, lauen und verwaschenen Morgen unter tiefhängenden Seewolken wird dem Hans in einem Hof die Würgekordel angelegt, schwarzweiß mit den eingeflochtenen Sagres-Kreuzen. Und dann: Urrghh...

Da ist er aufgewacht, ist in seiner Hocke auf dem Schwellenstein nur etwas nach vorne genickt und hat das Bierglas immer noch unverschüttet in der Hand gehalten, und getrunken hatte er auch nur ganz wenig, Gottseidank. Da hat er das Glas, bevor er heimsprang, ein paarmal geschüttelt, damit der Schaum wieder an den Rand trat, so daß der Vater dann nur ganz wenig geschimpft hat. So geht die Geschichte zwischen zwei Kopfnicken und ist allgemein verständlich.

Ich aber sage: So geht sie eben *nicht*. Denn, daß er da wieder hockt, und das Glas ist immer noch voll, das kann er ja *auch* nur geträumt haben. Und daß der Vater gar nicht böse ist (in Wirklichkeit ist er es aber doch), und die Zeitdauer steht zwischen zwei Kopfnicken, das erscheint mir mindestens ebenso durchlässig.

Was ich sagen will – und zwar zu meiner eigenen

Rechtfertigung –, ist, daß die geflochtene Sagres-Kordel, die portugiesische Perfidie ganz saumäßig gezwackt hat, ganz saumäßig eng und deutlich, daran ist kein Zweifel. Und was ich noch sagen will: Der Hans ist aber dann so sehr existent, wenn es ihn so recht von Herzen zwackt, das glaube ich herausgefunden zu haben. Was mich daran stört, ist nur, daß ich mich immer noch genötigt fühle, meine Existenz zu rechtfertigen. Denn wie und auf welche Weise sollte sie sich denn sonst beweisen.

*

Die Stadt ist ein Schachbrett, exakt durchgezählt nach Länge und Breite, und ich kann, wenn ich hier dreißig Jahre gelebt habe, die Züge berechnen, die geraden und die diagonalen – und die im Winkel herum, die wahrscheinlich auch, eines Tages, wenn ich lange genug gelebt habe. Von meinem Fenster sehe ich auf das abschüssige Gelände, ich denke, das kann es doch nicht gewesen sein, das Hotel Fairbanks gegenüber, die schwarzgrauen Fabrikhallen unten an den Gleisen, die Schornsteine, die verrußten Feuerleitern. Die ganze Stadt scheint nur aus Feuerleitern gebaut und aus Leitungsdrähten, warum ziehen sie denn soviel Leitungsdrähte über die Straße? Direkt vor mir, also ich kann fast mit der Hand hingreifen, hängt ein riesiger Isolierkasten am Mast, von der Größe eines Kleiderschranks, und das Fenster schließt auch nicht richtig, es zieht, dafür sind aber die Radiatoren brüllend heiß.

Der Himmel ist schwarz, und der Himmel ist grau,

auf dem Fluß ziehen Eisschollen, dort sitzt ein Hund und friert, ja, sage ich mir, mehr ist eben nicht daraus geworden, aus dem Leben, das so lange dauert (ein Leben lang). Aber dann eines Tages – es war ein besonders nieseliger Tag mit Schneeregen im Gesicht, nassem Kragen und quatschenden Schuhen, als ich meine Hamburger von der Ecke in der Warmhaltetüte nach Hause brachte, na ja, was man so nach Hause nennt, die Wäsche im Zimmer war auch noch nicht getrocknet. Wie ich also den Tisch mit dem Ärmel abfege, so recht gemütlich, und die Zeitung aufschlage, in die ich die Warmhaltetüte zusätzlich eingewickelt hatte, ich glaube, ich hatte noch nicht einmal den Hut abgenommen, da stand es, in der Watchacoogie Gazette: Wohnen und Leben im ewigen Sommer! Das Parkgrundstück mit Wasserfront in Miami, Florida!

Da mußte ich erst einmal schlucken. Wohnen und Leben.

Einmalige nie wiederkehrende Gelegenheit für den planenden Geschäftsmann, zweihundert Hektar großes Entwicklungsgelände zum Einstiegs- und Werbepreis von fünf Cent pro Quadratfuß, und falls man nicht richtig gelesen haben sollte: 5 *Cent*. Sehen Sie sich auf der Sonnenseite des Lebens, trinken Sie Ihren Planter's Punch auf der eigenen Lagunenterrasse unter sanft in der Ozeanbrise raschelnden Palmen. Unter sanft raschelnden – – – ja, das konnte ich nachvollziehen.

Das gab es also doch (den Planter's Punch).

Eine ganze Woche lang lief ich durch die Straßen, immer mit dem fernen Schrei der Tropenvögel im Ohr. Immer mit dem sanften Schlagen des Ozeans – auf meiner ganz eigenen Lagunenterrasse. Ich ließ mir die Prospekte kommen, mit den günstigen Preisen, in denen der Laguna Boulevard und der Palmetto Boulevard schon fix und fertig gebaut waren. Hier saß ich mit den Hamburgern aus der Warmhaltetüte und der Coke, die ich nicht kaltstellen brauchte, wenn ich sie direkt unter das Fenster in die Zugluft legte, saß hier gläubig mit dem Hut auf dem Kopf und las die Prospekte, die alle eines gemeinsam hattem, das tiefe Blau einer sichtlich wärmeren Welt. Ein Anstoß, ein leiser Anstoß nur, und ich packte meine Koffer, viel hätte nicht gefehlt – aber gerade dies war nun der Zeitpunkt, als ich meinen ersten wirklichen Fall erhielt.

Das heißt, am Anfang schien er gar nicht so wirklich. Als ich eines Morgens wieder einmal ohne Erwartung in mein Büro in der Potter Street gehen wollte, stieß ich unten auf eine Dame. Also, Dame – – es war eine sehr hagere, sehr maskulin wirkende Erscheinung, die mir auch noch einen knochigen Blick zuwarf. Donnerwetter. Mir kam gleich eine seltsame Ahnung – ich wußte nicht, wieso –, als ob da etwas auf mich zukam, etwas ganz Besonderes. Ich ließ der Dame natürlich den Vortritt, im Fahrstuhl machte ich mich möglichst klein in der Ecke, schaute auf die Tür, auf die Etagenknöpfe. Oder wenn ich ehrlich sein soll, wußte ich es eben doch, denn es war ja gar nicht zu übersehen. Ich gab mir wirklich alle Mühe, schaute schließlich mit Todesverachtung auf die Deckenbeleuchtung.

Und dann doch nicht.

Ich habe es doch nicht geschafft, konnte nicht widerstehen, ich habe sie ansehen *müssen*. Donnerwetter, sie hatte einen Schnurrbart – – was mich nichts anging, manche Damen neigen wohl etwas dazu, und es ist ja auch keine Schande damit verbunden. Aber diese hier – –

Das kann nicht sein, dachte ich.

Diese hatte einen richtigen stolzen Schnurrbart, richtige stolze lange Haare unter der Nase, ungeschnitten, phantastisch. Ich machte mich flach in der Ecke, die Fahrt zum ersten Stock dauerte erstaunlich lange, und die Dame wußte natürlich auch, was los war, blickte genau eine Handbreit an mir vorbei, steinern, wahrscheinlich konnte sie meine Gedanken lesen.

– – –

Ein Steinmeißel. Sie sah tatsächlich wie ein Steinmeißel aus (ein weiblicher). Daraufhin waren wir aber oben angelangt, die Dame warf mir noch einen fürchterlichen Blick zu, so daß ich wußte, sie hatte mich gelesen – marschierte den Gang hinunter, und der Gang erschütterte.

Ja, der eigentliche Schock sollte aber erst kommen. Denn als ich in meinem Büro das Jackett ausgezogen und das Kaffeewasser aufgesetzt hatte, klopfte es an der Tür – irgendwelche Sicherheitsvorkehrungen hatte ich bis dahin nicht für nötig befunden, jeder, der wollte, konnte hier eintreten, es klopfte, und wer trat ein?

Mein Gott!

Ich hätte wenigstens einen Spiegel haben müssen, mit dem ich auf den Gang sehen konnte, irgendein Device, einen Schnappmechanismus an der Tür, was weiß ich. So aber kam sie einfach herein, sah mich, witterte in die Ecken, als ob sie dort noch jemanden finden wollte, der ihr möglicherweise mehr zusagte. Fand allerdings niemanden.

»Hier bin ich«, sagte ich.

Also, zum Ableugnen war es zu spät, ich hätte mich ja gerne als der Klavierstimmer ausgegeben, als der Mann, der das Mineralwasser bringt, zu spät. Sie nahm mich ins Visier, und ich hatte den Eindruck, in eine Rohrmündung zu schauen.

»Was kann ich für Sie tun?«

»Sie können einen Mann für mich finden«, sagte sie barsch.

»Einen Mann?«

»Ja.« Barsch.

Ich fragte vorsichtig.

»Für Sie?«

Daraufhin wirkte sie doch etwas gereizt, sie richtete sich auf, und eigentlich hatte ich den Eindruck, sie wollte nun nach Hause gehen. Aber was soll ich sagen, plötzlich blätterte sie fünf gute Scheine aus ihrer Handtasche auf den Tisch, hielt dabei den Daumen auf die Scheine, so daß ich nicht sogleich kassieren konnte.

»Fünfhundert, um Ed Simmons zu finden – –«

Das ließ sich hören. Das war immerhin ein Angebot.

»– und, wenn Sie ihn gefunden haben, noch mal fünfhundert«, damit nahm sie ihren Daumen weg.

»Und wenn ich ihn gefunden habe«, fragte ich.

»– dann reiße ich ihm die Ohren ab!« Sie sagte aber nicht »Ohren«, ich kann hier nicht wiederholen, was sie sagte, sie war absolut überzeugend in ihrer Art.

Lady, dachte ich bei mir, mit Ihnen kann man doch wenigstens Geschäfte machen, Sie drücken sich klar aus.

»Und wer ist Ed Simmons?«

»Das ist mein Mann.«

– – –

Da hatte sie mich, Donnerwetter, vor meinen Augen entrollte sich die ganze Ehetragödie, eine ganze Großlandschaft eines dreißigjährigen Martyriums. Der arme Kerl war mit der Haushaltskasse durchgegangen, höchstwahrscheinlich, drückte sich nun auf den Busbahnhöfen herum, immer gegenwärtig, den Griff im Genick zu spüren, jeden Augenblick. Dabei hatte ich die Vision einer hochstieligen Mädchenblüte, welche die Dame vor dreißig Jahren gewesen sein mochte, ein Gedanke – ich weiß, es ist irrational –, aber der mich eher noch mehr entsetzte.

»Wie sind Sie denn auf mich gekommen?« Man will schließlich wissen, wo man steht, war es meine Reputation, war ich empfohlen worden – Pennywalker kam mir in den Sinn – Verbindungen, Möglichkeiten. Erfolg?

»Weil sich der Kerl hier herumtreibt!« Was habe ich gesagt, barsch? Also mit der Stimme hätte man Blech schneiden können. Donnerwetter. Eddy war also hier gesehen worden, direkt vor diesem Hause, in der Potter Street, und das gleich zweimal an zwei verschiedenen Tagen, kein Zweifel möglich.

»Und da haben Sie mein Schild gesehen (das schöne mit der gewölbten Kante) – –«, ein bißchen enttäuschend, das wollte ich zugeben. Wie dem auch sei, Eddy hatte also tatsächlich in die Ladenkasse gegriffen

– insofern war es noch schlimmer, als ich gedacht hatte –, war, als sie außer Haus war, mit zwei Koffern auf ganz miese Art hinten über die Feuerleiter gestiegen. Der Verbrecher. Zuvor hatte er auch noch das Sparkonto leergemacht, und die Wertsachen, die sie ihm selber geschenkt hatte, hatte er auch mitgehen lassen, die Rolex und den Airforce-Ring, den hatte sie ihm zum Namenstag geschenkt – aber nicht damit er ihn bei anderen Weibern vorführt! Die Wut der Frau war begreiflich. Übrigens dieses Rohr, das hatte ich vergessen zu erwähnen, war mit Stachelkugeln geladen (tief im Bewußtsein versteckt).

»Und wenn Sie den Kerl in die Hände bekommen«, fragte ich vorsichtig, »ich meine, wenn ich Eddy-Boy gefunden habe, dann werden Sie – – ?«

»Werde ich!« bestätigte sie mit starker Stimme. »Eigenhändig.«

*

Ich fand dann Eddy-Boy schon am nächsten Tag und ohne große Umstände, das heißt, ich fand ihn gar nicht, sondern er wohnte ganz einfach gegenüber im Hotel Fairbanks. Ich weiß, ich sollte meine Leistung nicht selber abschwächen, immerhin hatte ich fünfhundert auf die Hand erhalten und hatte weitere fünf in spe, aber praktisch konnte ich ihm direkt ins Fenster sehen. Ich sagte ja schon, daß er auf mich zukam – ich sehe, ich muß hier Klarheit schaffen: Meine seltsame Ahnung war durchaus begründet, denn ich hatte ja nicht nach ihm gesucht, ja, noch vor zwei Tagen wußte ich nicht einmal, daß ich hätte suchen sollen.

Der flüchtige Eddy saß also mit Kasse und Wertsachen auf Zimmer 28, nur um Straßenbreite von mir getrennt, und er hatte noch nicht einmal die Vorhänge zugezogen. Der Mann war leichtsinnig. Sitting duck, nennt man das, eine sitzende Ente. Und das Beste an der Sache: Er war unter seinem eigenen Namen abgestiegen; Madame hätte ihn mit maximal sechs Telefonanrufen selber ausfindig machen können, denn mehr Hotels kamen hier gar nicht in Frage.

Aber, sagte ich mir, wenn sie es sich soviel kosten läßt, soll sie auch den Gegenwert erhalten, und das bedeutete für mich: Schwierigkeitsgrad Nummer drei. Ich wartete drei Tage.

In der Zwischenzeit hatte ich Gelegenheit, mein Objekt kennenzulernen. Wann es aufstand, wann es zum Essen ging und wann es im Zimmer saß und auf die Straße starrte. Mein Eddy hatte die Eigenart, morgens einen Schuhkarton, oder was es war, vom Bett auf den Schrank zu transportieren, von dort auf ein Ablagebrett über der Tür, von dort ins Badezimmer, um ihn dann am Morgen wieder unter dem Bett hervorzuholen.

Ich kann nicht sagen, daß ich ihn liebte. Er war verhältnismäßig klein, nicht kurz, aber so eine Handvoll, eine Makrele mit wenig Haaren, dicken Augen. In seine Lage versetzt – ich tat mich schwer, aber wenn ich in seiner Haut hätte leben müssen, wäre ich wahrscheinlich auch Verbrecher geworden und wäre mit den Werstachen, mit dem Airforce-Ring durchgebrannt. Und mit der Kasse? Möglicherweise auch das.

Am dritten Tag mußte ich meine Pflicht tun.

Ich rief die Dame an, um ihr mitzuteilen, daß der

Gesuchte nach erfolgreicher Jagd gestellt sei, oder zumindest, daß es mir dank meiner Beziehungen sowie einiger Schmiergelder (deren Höhe noch zu berechnen wäre) gelungen sei, dessen Unterschlupf zu ermitteln. Mit Empfehlung für künftige Dienste. So etwa.

Hatte den Hörer bereits in der Hand, und es war buchstäblich in allerletzter Minute, wenn man will, als sich drüben bei Eddy etwas Besonderes begab: Eddy wollte sich umbringen. Was? Ja, so wie ich das sah, waren die Vorbereitungen gar nicht zu verkennen, er stellte einen Hocker unter die Badezimmertür und fertigte sich aus einer Art langem Gürtel eine Schlinge an, ich glaube, es war einer aus Schlangenleder – ich sah das alles deshalb so deutlich, weil die Sonne hinten durch das Badezimmerfenster fiel und die ganze Szene wie auf einer Bühne beleuchtete. Ganz frei und offen, und niemand sah es. Wenn ich nicht gerade mit dem Hörer in der Hand auf meinem Schreibtisch gesessen hätte, etwas erhöht, also dann hätte ich es auch nicht gesehen. Der Mann schien sich in einer Art Dämmerzustand zu befinden; die Augen halb geschlossen, stieg er auf den Hocker und befestigte den Gürtel oder was das war oben am Querbalken der Tür – das war möglich, weil sich oberhalb noch ein schmales Glasfenster befand. Dann legte er sich die Schlinge mit der Gürtelschnalle um den Hals und blieb da oben stehen. Ganz ruhig, der Mann hatte sich wirklich in sein Schicksal ergeben, viel war da anscheinend nicht mehr drin.

Was hätte ich denn jetzt noch tun sollen, anrufen? Es gibt ja auch noch so etwas wie Solidarität, ich meine, unter Männern, so etwas wie ein gemeinsam zu tragendes Los. Zumal Eddy-Boy, nachdem er da lange

Zeit ruhig gestanden hatte, schließlich ebenso ruhig wieder herabstieg, sich aufs Bett setzte und den Kopf in die Hände stützte. Es war ganz klar, der Mann hatte es gehabt (had had it).

*

Im Ergebnis machte ich weitere drei Tage Pause. Ich lebte mit Eddy, nahm teil an seinem täglichen Rundgang vom Bett zum Schrank, zur Ablage, zum Bad und wieder unters Bett. Ich starrte mit ihm auf die Straße, aß mit ihm ein Hacksteak im »Eats«, unserem Lieblingslokal – eines mußte man dem Besitzer lassen, er hatte weiterhin Mut bewiesen. Nach dem Kaffee, den wir an entfernten Ecken der Theke einnahmen, hielten wir gemeinsam Mittagsschlaf, er auf Nr. 28 und ich in meinem Büro.

Hatte ca. zwanzig Anrufe von Madame, die ich alle automatisch beantwortete (Sie sprechen zu einer Maschine), während ich mir vornahm, eines Tages tatsächlich ein solches Gerät anzuschaffen. Einmal sah ich sie auf der Straße und hatte den Schreck meines Lebens, da ich inzwischen ihre Auswirkung vergessen hatte. Wurde zum Glück nicht von ihr bemerkt und verschmolz mit der Wandverkleidung des Café National, das ich normalerweise nicht zu besuchen pflegte, da es immer zu voll war und leicht nach Männerurin roch. Jetzt aber war ich dafür dankbar (offiziell hielt ich mich in Philadelphia auf).

Jedenfalls bestärkte mich die Begegnung in meinem Entschluß.

Man begreift, es war mir nicht möglich, den Mann

ohne weiteres auszuliefern; der bloße Gedanke daran, was ihn in den Händen von Frau Eddy Simmons erwartete, ließ mich schaudern. Andererseits – und das darf man nicht zu leicht bewerten – hatte ich aber mein Berufsethos, ich hätte den Auftrag eben nicht annehmen dürfen. Nein, es waren Konsequenzen zu ziehen, so leid es mir auch tat, aber welche? Ich schleppte das Problem mit mir herum, starrte auf die Straße, aß Steaks, hielt Siesta. Und dann geschah das Wunder. –

Ich habe mich gefragt, ob das nun meine besondere Gabe war, daß ich ihn einfach angezogen hatte, so daß er zu mir kommen *mußte*. Es war ein wirkliches Wunder, und es geschah um vier Uhr nachmittags, als ich gerade etwas desorientiert aufwachte und mich unvermutet in meinem Sessel am Fenster vorfand, mit Blick auf den in seinem Sessel zusammengesunkenen Eddy gegenüber. Ich hatte geträumt, daß ich am Neumühler See unter einen grünen Hund geraten war, der so groß und grün war, daß er mich ganz zudeckte, einer jener schwerfälligen Träume am Nachmittag, und als ich daraus auftauchte, war wohl Eddy auch gerade etwas desorientiert aufgetaucht. Er stand jetzt auf und zog sich sein Hemd aus, hielt es unschlüssig in der Hand, wahrscheinlich wollte er duschen gehen, aber dann schien er auch nicht zu wissen, was er wollte, hielt das Hemd unschlüssig in der Hand. Und da sah ich es. Bisher hatte ich ihn ja noch nicht ohne Hemd gesehen: Ganz hoch oben am Arm saß eine runde Tätowierung, oder jedenfalls sah sie rund aus, weil das große D im Bogen herumgezogen war und das Ganze wie eine Art Medaillon wirkte. Scharf wie gestochen. Um so erstaunlicher, da ich es über die ganze Straßenbreite hinweg so scharf lesen konnte: Ein Schriftzug, Deathdealer, in roter und blauer Tinte, recht kunstvoll. Aber ich hatte es ja gewußt.

DEATHDEALER!

Ich wußte es ja.

*

Das Waffengeschäft von Quadro Anselmi lag in einer kleinen Seitenstraße am Bay View und machte äußerlich wenig her, ein eher schäbiger Laden, in dem man Gelegenheiten aus zweiter Hand vermutete. Es gibt solche Läden, in denen man Waffen in jeder Menge und jeder Qualität kaufen kann, aber eben auch in *jeder* Qualität; so ist es vorgekommen, daß von einer deutschen 9mm-Luger aus Beständen des Zweiten Weltkrieges beim Heißlaufen der Hongkong-Stempel oder schlimmer noch der Stempel »made in Ethiopia« aus der Zinnlegierung heruntergeschmolzen war, nicht zu sprechen von den Leuten, die dabei Daumen und Nasen verloren hatten – bei Quadro Anselmi kam so etwas nicht vor. Ich hatte vor geraumer Zeit bei ihm eine Loyola gekauft – sie wird mit sechs verschieden langen, aufschraubbaren Pistolenläufen geliefert, die man nach und nach bestellen kann, und ich bin nicht enttäuscht worden. Q. A. war reell. Höchstens daß sein belgisches U-Boot, das er unten in Fort Kevin anbot (ich habe es selbst gesehen), etwas überlagert war, gelinde gesagt – wahrscheinlich ließ sich die Einstiegsluke nicht mehr aufschrauben. Na, Spaß.

Jedenfalls wußte ich ziemlich genau, was ich wollte. Ich wollte ein Hochpräzisions-Gewehr, und zwar ein

300er Magnum Centerfire Rifle mit Skelettkolben und Zielfernrohr: Nikon scope oder Bushwald Sportview. Außerdem Schulterschlinge und Pistolengriff an Stelle von Entenhalsgriff, möglichst ohne Holz, und der Skelettkolben sollte adjustierbar sein, mit Klappraster. Doppelaktion? Nein, volle Automatik.

»Lassen Sie mich sehen«, sagte Q. Anselmi, »lassen Sie mich sehen«. Er verschwand hinter seinen Regalen und klapperte und bumste dort eine Weile herum, bis er mit vier geradezu gefährlich aussehenden Gewehrtypen wieder erschien und diese auf den Ladentisch knallte. So düster hatte ich sie mir gar nicht vorgestellt. Sie waren allesamt stumpf behandelt, von Stahlgrau bis Grabesschwarz, damit sie keinen Reflex abgaben. Eines hatte ein sperriges, gebogenes Magazin an der linken Seite, ein anderes ein gerades nach unten wie ein Bart, das dritte hatte ein völlig durchlöchertes dickes Rohr um den Lauf und sah überhaupt wie eine lange dicke Bohrmaschine aus. Während das vierte wie eine lange dünne Bohrmaschine aussah und mir am meisten zusagte, weil es mit dem Einrohr-Schulterbügel am leichtesten wirkte. Es war aber das schwerste.

Und da erhob sich nun die Frage: Winchester-Stock, Colt-Sauer oder Lugger (nicht Luger). Ich sagte:

»Nehmen Sie einmal an, Sie wollten eine, sagen wir, fünf Meter lange Panzerechse auf zweihundert Meter Entfernung durch ein Glasfenster hindurch schießen, welche dieser Waffen würden Sie wählen?«

»Ich würde«, Q. Anselmi überlegte ein Weile, ging nach hinten und kam dann mit einer urweltlichen

Doppellaufflinte von einem Kaliber wie zwei Wasserrohre zurück. »Ich würde auf fünfzig Meter gehen und mit gestoßenem Eisenschrott schießen – – und nicht auf eine Panzerechse.« Er klatterte das Riesengewehr auf den Tisch. Also das sagte mir überhaupt nicht zu.

»Mann«, erklärte ich ihm, »ich will keinen Brei hinterlassen, ich will einen sauberen automatischen Schuß, genau zwischen die Augen«, ich zeigte ihm, wo.

»Warum sagen Sie das nicht gleich«, er ging nach hinten, und dann kam er mit dem Ding zurück, also ich sage gleich, daß mein Herz hüpfte. Gewehr konnte man das kaum nennen, eher sah es aus wie ein hochpotentes Peilgerät, ganz und gar aus poliertem Stahl, aber nicht massiv, sondern in einer Art Rahmenkonstruktion, und der Lauf war in seiner ganzen Länge bis zur Mündung mit ringförmigen Kühlrippen versehen, mit einem dosenartigen Endstück. Also das gefiel mir, besonders das Endstück, es wirkte absolut professionell. Wahrscheinlich schallschluckend. Das Magazin, versenkbar, hielt die vergleichsweise geringe Anzahl von nur acht Schuß.

»Diese«, er legte mir eine Schachtel mit fünfzig Patronen hin, bei deren bloßem Anblick einem das Herz stockte (das war das Besondere an Q. Anselmi, daß er seine Ware überhaupt nicht anpries), die Dinger waren glatt zehn Zentimeter lang, konisch gearbeitet, die Hülsen extra lang (450 Magnum) mit extra starkem Treibsatz, das Geschoß selbst aus Stahl, panzerbrechend.

»Panzerbrechend?« fragte ich.

Q. Anselmi nickte.

»Die Schönheit aber besteht darin«, sagte er, »daß hier vorne, knapp unter der Spitze«, er hielt mir ein Exemplar hin, »ein Bleiring eingearbeitet ist.«

Ich sah den Bleiring, der also bewirkte – – – , ich zögerte.

Q. Anselmi nickte.

Also gut, ich sah, daß die Waffe allen gestellten Anforderungen gerecht wurde. Es war noch die Preisfrage zu klären: So wie das Gewehr dalag, mit Zieloptik und Munition – nein, ohne Munition –, kostete es dreitausendvierhundert Dollar, und das war, gemessen an Ausstattung, Qualität und allen Extras, ein absolut solider Preis, der mich nicht überraschte.

Ich entschied mich dann für ein einfacheres Jagdgewehr aus zweiter Hand, das sich in noch durchaus gutem Zustand befand und auch ein Zielfernrohr hatte (seien wir ehrlich) und das ich zum Vorzugspreis von zweihundertfünfzig Dollar erstand; möglicherweise hätte ich es sogar für zweihundert bekommen. Und es war, wie sich herausstellte, durchaus verläßlich. Einmal Schlitten zurückziehen, fünfmal abdrücken.

Ach, eines wollte ich noch erwähnen: Als ich das nächste Mal nach Fort Kevin kam, war das U-Boot, das Q. Anselmi dort liegen hatte, inzwischen gesunken; man konnte es als graublauen Schatten auf dem Boden von Dock III liegen sehen, und es zeigte, daß auch Q. Anselmi nicht immer eine glückliche Hand hatte.

*

Mit einem langen schmalen Karton, der ebensogut langstielige Blumen, Gladiolen zum Beispiel, hätte enthalten können, langte ich in meinem Büro an, legte meinen Karton auf den Tisch (etwa mit dem Gefühl, einen neuen Anzug oder ein neues Paar Schuhe bekommen zu haben), und als ich vors Fenster trat, hatte ich, wie der Zufall spielt, auch gleich Jagdglück: Der Mann stand da in Unterhosen völlig frei im Schußfeld, einwandfrei beleuchtet, die schmale Brust weißlich vor dem dunkleren Hintergrund der offenen Badezimmertür.

Eine einmalige Konstellation.

Ich konnte sogar die Haare auf der Brust sehen, die wahrscheinlich blond waren, aber weißlichgrau aussahen. Dünne Haare. Ich konnte sogar die Rippen zählen. Die Schlüsselbeine standen vor, mit stark ausgeprägten Salznäpfen, Schulterkugeln waren keine da, nur die spitzen Ansätze mit der Tätowierung links. Es bestand absolute Frontalposition. Das Herz eine Handbreit vom Brustbein, welches durch einen kleinen Brustbart bezeichnet wurde.

Ich will mich nicht loben, aber es war Arbeit nach Maß: Der Mann völlig fixiert, völlig unbeweglich, keine Blendeffekte, keinerlei Distraktion durch andere (bewegte) Objekte in der Nähe. Arbeit auf Bestellung.

Ich nahm das Gewehr aus dem Karton, setzte das Zielfernrohr auf, setzte den Patronenstreifen ein, fünf Patronen auf der Ladeschiene, lud durch. Lehnte mich mit der Schulter in die hintere Wandecke, denn ich wollte aus der Tiefe des Zimmers schießen, legte an, hatte den Mann fabelhaft im Haarkreuz, und dann legte ich noch einmal ab. Ich stellte einen Stuhl auf meinen Schreibtisch, stützte mich mit den Ellenbogen auf die Sitzfläche, stützte das Gewehr auf der Stuhllehne ab, die gerade die richtige Höhe hatte; das heißt, ich benutzte eine der beiden seitlichen Einkerbungen auf der Stuhllehne, so daß die Waffe absolut fixiert war. Der Mann absolut fixiert. Einatmen. Ausatmen. – –

Auf der Straße fuhr ein Schwertransporter vorbei, und in der Bar unten spielten sie: Captain of my Heart, oder of the Heart, so genau konnte ich es durch den Fußboden nicht hören.

Von hier bis zu Eddys Fenster verlief die Ziellinie etwas geneigt, was in Rechnung zu setzen war. Außerdem achtete ich auf den Blickwinkel von anderen in Frage kommenden Fenstern, eventuelle Einsicht vom Dach her. Nein, ich konnte mich überzeugen, daß die Situation nach wie vor optimal war. Die Straßengeräusche waren günstig. Im Café spielten sie jetzt: Slow movin' nights...

Und dann war der Mann plötzlich verschwunden: Eddy Simmons war in die Tiefe seines Zimmers getreten, verschmolz dort mit dem helleren Hintergrund der Zimmertür, um dann ganz aus meinem Blickwinkel am Bett vorbei nach rechts zu verschwinden.

Das war es gewesen. Ich ging erst einmal essen, ich ging ins »Eats«, wo ich eine große Portion heißen Apfelkuchen bestellte, hinterher hatte ich noch ein Bier und pausierte auf dem Weg zurück vor dem Hutladen, um durch die Auslage hindurch einen Blick auf die Verkaufsdame zu werfen, die dort hantierte und ziemlich starke Formen hatte, die kannte ich schon, schließlich erreichte ich aber doch noch das Büro und plazierte mich in meinen Sessel. Es war die Zeit zwischen Mittag und Nachmittag, in der bei mir sowieso nichts lief.

Als ich um vier etwa erwachte – diesmal hatte sich der grüne Hund in einiger Entfernung gehalten –, war mein Gegenüber ebenfalls erwacht und saß mit einem nassen Handtuch über der Schulter auf dem Tisch in der Mitte des Zimmers. In gar nicht ungünstiger Position. In guter Beleuchtung, jetzt von der Seite, vom Badezimmerfenster her, da die Sonne inzwischen herumgewandert war und ziemlich tief stand.

Diesmal trat ich vorne ans Fenster, wo seitlich am Fensterrahmen ein dicker Haken eingeschraubt war, an den ich normalerweise meine Hemden zum Trocknen aufhing. Den benutzte ich als Auflage, wobei ich mich mit dem linken Ellenbogen in den Fensterrahmen einklemmte. Mein Fadenkreuz lag dementsprechend völlig stabil auf Ed Simmons Oberkörper, mit kaum zwei Finger Spielbreite give and take über dem Herzpunkt, und das dürfte bei einer Vergrößerung × 8 genügt haben.

Wenn ich trotzdem noch zögerte, dann deshalb, weil mein Zielobjekt eigentlich zu unnatürlich still saß. So als ob es jeden Augenblick überraschend ausbrechen könnte. Ich meine, ein stetig bewegtes Ziel läßt sich in seiner Bewegung berechnen, aber wenn es verharrt, nicht wahr, ist jederzeit alles möglich, sagte ich mir. So daß ich eigentlich geneigt war, eher ein Bewegungsmuster abzuwarten, als mich einem zufälligen Verreißen ausgesetzt zu sehen. – –

Das war natürlich alles vollkommener Unsinn.

Und ich wußte es auch: ich zog mich dann zurück, um, auf dem Bett sitzend, den Einbruch der Dunkelheit um sechs Uhr abzuwarten, fand mich dann im Schatten der Straßenbeleuchtung, die nur vorne die Fenstergegend erfaßte, während drüben Eddy Simmons seine Lampe angeknipst hatte und nun auf dem Tisch ein geradezu epochemachendes Ziel darstellte (es erreichte einen gewissen Peinlichkeitsgrad).

Bisher war es mir nicht aufgefallen: Als ich ihn jetzt leicht vorgebeugt, in eine Zeitung vertieft, sitzen sah, hatte er eigentlich gar keine Haare. Er hatte welche, aber mit der Beleuchtung von oben schien die weiße Kopfhaut auf derart traurige Weise durch, daß er vollkommen kahl wirkte. Ich erinnerte mich jetzt auch, ihm auf der Straße niemals ohne Hut begegnet zu sein, einem breitrandigen Exemplar, auf dem er ganz offensichtlich zu sitzen pflegte, wenn er es nicht auf dem Kopf trug – übrigens das einzige Zeichen von Fröhlichkeit, das ich jemals an Eddy hatte entdecken können.

Eddy holte jetzt eine Flasche hervor und besah den Inhalt, stellte die Flasche wieder weg. Dann versuchte er, sich eine Zigarette anzustecken. Dann aß er einen Hering, also er aß – – ich schwöre, es war ein Hering, ich weiß nicht, wo er ihn aufbewahrt hatte. Fing an, eine kahle Beule links über der Stirn zu betasten, blickte dazu wahrscheinlich in den Spiegel, der neben dem Fenster hängen mußte, denn er hatte den Kopf erhoben, und mit dem ebenfalls erhobenen abgewinkelten Arm schien er mir – symbolisch oder direkt – einen letzten Salut geben zu wollen.

Also, besser wäre es wirklich nicht gegangen.

Ich habe schließlich mit einem gewissen Bedauern

den Augenblick verstreichen lassen, und wenn ich nach alledem eine Schlußfolgerung ziehen sollte, dann müßte ich sagen: Es ging eben nicht. – –

Es war mir nicht möglich gewesen.

*

Ich nahm dann mein Abendessen ein, bestehend aus einem sehr zähen Steak, das auf der Karte als »rare« bezeichnet wurde, welches aber offensichtlich nicht den Grad der Blutigkeit, sondern wohl eher seinen Seltenheitswert bezeichnete, wer weiß, woher sie das hatten. Dazu trank ich zwei große Biere aus der Büchse.

So, nach diesem Einstand zog es mich zum Hotel Fairbanks, wo ich gleich nach oben ging, da ich die Zimmernummer kannte. Achtundzwanzig. Eddy-Boy saß noch immer auf dem Tisch, als ich eintrat, und er war noch nicht einmal besonders aufgebracht, daß ich hier wie ein guter Bekannter Platz nahm und seine düstere Miene studierte. Das heißt, ich war ja ein guter Bekannter, nachdem ich sozusagen an seinem kurzen Leben teilgenommen hatte – einseitig allerdings –, das nun doch noch länger zu werden versprach. Und er war eigentlich auch nicht düster, sondern eher unbeteiligt, machte den Eindruck, als ob ihn das alles gar nichts mehr anging.

»Also gut«, sagte ich, »vielleicht interessiert es Sie, daß Sie jetzt eigentlich tot sein sollten.«

Es interessierte ihn anscheinend nicht.

»Eddy«, sagte ich, »seit heute vormittag versuche ich, dich zu erschießen.«

– – –

»Mensch Eddy!«

»Sitzt da herum«, rief ich, »rührst dich nicht, Vorhang ist auch offen, Licht brennt, irgendwie hat das alles keinen Sinn, wie kann ich einen Mann erschießen, der so dünn ist!«

– – –

»Man kann wirklich das Heulen kriegen, wenn man dich sieht, man kann ja jede Rippe einzeln zählen!«

Wenn ich aber dachte, das hätte ihn aufgemuntert, dann irrte ich mich.

»Eddy«, sagte ich, »faß das jetzt nicht als Beleidigung auf, aber du bist einfach nur eine halbe Portion.«

Immerhin ging er jetzt so weit, daß er die Augen hob, um mich müde zu mustern.

»Und warum wollen Sie mich erschießen?«

Aha.

»Das war bereits zweite Wahl«, erklärte ich ihm, »in erster Wahl hätte ich dich eigentlich bei deiner Frau abliefern sollen. Das wäre das einfachste gewesen.«

»Meiner Frau«, sagte er und nickte.

»Ich bin mir nicht sicher, ob du das mitkriegst, Eddy«, sagte ich, »aber deine Frau hat das ein bißchen übelgenommen, daß du mit der Kasse durchgegangen bist.«

Er nickte.

Saß da trübe am Tisch und blickte aus dem Fenster, wo er wohl hinter der Straßenbeleuchtung und hinter der sich drehenden Inschrift: Paladium – sein Leben ablaufen sah. Sein Leben als dünner Buchhalter, das er wohl nicht mehr so hoch einschätzte. Und wenn ich mich an seine Stelle versetzte, konnte ich es ihm noch nicht einmal verdenken. Das fehlte mir noch, dachte ich, daß ich jetzt eine Gefühlsregung bekomme.

»Junge«, sagte ich zu ihm, »du hast ja keine Ahnung, in welchen Schwierigkeiten wir uns beide befinden. Immerhin habe ich bereits für dich kassiert. An sich müßte ich dich abliefern.«

Er bedachte das eine Weile.

»Und warum liefern Sie mich nicht ab.« Müde.

»Das ist eine verdammt gute Frage – – das weiß ich nämlich selbst nicht. Mensch«, rief ich aus, »Mensch Eddy, ich habe deine Frau gesehen, wenn dir das etwas sagt!« Ja, das schien ihm nun doch etwas zu sagen; auf eine dünnfleckige gerötete Weise schien sogar etwas Leben in sein Gesicht zurückzufließen. »Sie ist ja nicht gerade ein Reh«, fügte ich noch hinzu.

»Ist sie – – ?«

Ich will nicht sagen, daß er grinste; und wenn, dann war das ein ziemlich abwegiges Grinsen, das nur aus zwei gelben Zahnreihen bestand.

»Ist – sie – – « doch, er brachte es heraus, »– – ist sie hier?«

»Tut mir leid, Eddy.«

– – –

– – –

»Sie ist doch nicht etwa – – « Jetzt sah er grau aus.

»Eddy«, sagte ich, »du mußt dich jetzt zusammennehmen. Du bist hier gesehen worden, zweimal, jemand hat es ihr berichtet (ich war es nicht), und gestern – – «

Jetzt war es nur noch das graue Entsetzen, das in seinem Gesicht stand.

»Und gestern, Eddy«, fuhr ich mit einer gewissen

Unbarmherzigkeit fort, »gestern ist sie hier auf dieser Straße entlanggegangen, Eddy, direkt unter deinem Fenster – – «.

Ich darf sagen, daß ich noch nie in meinem Leben einen Menschen so schnell seinen Koffer habe packen sehen.

*

Soviel ich wußte, hatte er sich dann nach Toronto abgesetzt, wo er noch ein drittes Mal gesehen wurde. Er mag dort sein Leben als dünner Buchhalter zu Ende gelebt haben, ich weiß es nicht. Er war sozusagen der erste, viel hatte er ja nicht abbekommen, dem zweiten erging es da schon erheblich schlechter.

Ich aber – was blieb mir anderes übrig –, ich setzte mich dann mit meinem Vorschuß in aller Eile ab. Verließ Watchacoogie während eines herbstlichen Schneesturms mit zwei Koffern und einer Korbtasche, trug einen doppelt dick gewebten und gewalkten Plaidmantel und erreichte Miami bei hochtropischen Temperaturen an, sagen wir, einem dritten November.

3

Eines Tages im November stand ein Mann im Plaidmantel auf dem Flugplatz in Miami. Er war groß, überall etwas zu lang (ich darf vielleicht einmal etwas über mein Äußeres sagen), überall etwas nachlässig im Knochenbau, und er hatte einen gewissen eisblauen Blick, so daß er nicht total harmlos aussah. Ja, und die Gelassenheit mochte auffallen, mit der er diese Metropole der berühmten Fontainbleaus und der Ritz' betrat, Treffpunkt von Reichtum, Schönheit und Eleganz. Kam er doch nicht unbemittelt und befand sich in der angenehmen Position eines Eigentümers, eines Grundbesitzers – – um es rundheraus zu sagen, der Mann war groß eingestiegen, hatte sich zum Werbepreis, zwanzig Meilen vom Herzen Miamis, in bester Lage am Laguna Boulevard an der Kreuzung zum Palmetto Boulevard (an der Südseite) eingekauft, verbrieft und besiegelt, eine todsichere Sache, es konnte überhaupt nichts passieren.

Was das Geschäft anging, Hawk Steen, private Investigationen, so war es der Konkurrenz überlassen, die drei Ehemänner und vier Ehefrauen zu überwachen, und nicht zu vergessen den großen Weihnachtsverkauf bei Hall & Schmitt. Mögen Sie damit reich geworden sein.

*

Ein leiser Zweifel beschlich mich allerdings, als ich auf dem Flughafen in die Hotelliste Einblick nahm und das Hotel Ritz ganz unten an so ziemlich letzter Stelle mit fünfzehn Dollar pro Nacht rangieren sah (fünfzehn). Die Busse zur Stadt fuhren draußen von einer Rampe ab, und hinter der Glastür stürzte eine schwere Hitze auf mich herunter, wie der Schlag einer Tierpranke – ich kann es nicht anders sagen –, so daß ich in Minuten völlig aufgeweicht war. Ich fuhr dann mit Mantel und Jacke auf den Knien in die schwere Nacht hinein, außer mir gab es im ganzen Bus nur noch einen weiteren Fahrgast im vorderen Teil des Busses, und der schrumpfte mit der Zeit immer mehr in sich zusammen. Draußen tintenblaues flaches Gelände, eine gerade Straße mit pinselartigen mageren Palmen, hin und wieder tauchten Ansammlungen von hellen Kastenhäusern auf, die völlig unbewohnt aussahen. Dann wieder flaches Gelände, eine Stunde lang, bis zur Flagler Street (da war sie ja), ganz unvermittelt stand eine Skyline am Himmel, aber viel kleiner, als ich sie mir vorgestellt hatte, höchstens ein Viertel so groß und ganz dunkel, ganz unbewohnt. Wir fuhren an einem »Comidas« vorüber, einem »Mercado«, einem »Helados«. Und da stand ich nun mit meinen drei Stück Gepäck um sieben Uhr abends unter den Tropentürmen meines Herzens, an denen ganz offensichtlich der Lauf der Zeit heruntergeflossen war. Und zwar, soweit ich sehen konnte – viel konnte ich ja nicht sehen –, eine ziemliche Soße.

Durch die Straße ging ein langer Wind, immerhin warm, ganz am Ende, wo sich schwarze Anlagen öffneten, lief ein Hund. Auf dem Schild über dem Eingang des Ritz hieß es »Salutos Latinos«. Da war ich also am richtigen Ort angelangt, ich darf vielleicht noch etwas über mein Äußeres hinzufügen: Für einen Latino wird man mich kaum halten, ich habe nicht das Strichbärtchen, nicht die blitzenden Zahnreihen, und diesen besonderen Grad an Messerschärfe – man weiß schon – würde ich auch nie erreichen. So mit einer gewissen Ahnung näherte ich mich der Eingangstür, die man um diese Zeit schon geschlossen hielt, immerhin brannte hinter den geschliffenen Glasstreifen Licht; es war eine hohe schwere Messingtür, und sie sah mit ihrem getreppten und gebuckelten Profil fast wie eine (endgültige) Verschlußplatte aus, die dann überraschend nachgab, als ich dagegendrückte. Eine Ahnung? Ich glaube, es war sehr viel mehr. Es war, wenn ich so sagen darf, wie der Eingang zu einem mich nicht ganz betreffenden Traum, und was wollte ich hier. Ich sah die lange Reihe der Plüschsessel rechts und links bis weit hinunter zu der durch Spiegel überhöhten Rezeption. Zwei lange Reihen von Mumien. Und das Unerwartete, das mich gar nicht erstaunte – denn mich betraf diese ganze Angelegenheit sowieso nicht –, das geschah auch gleich: Während ich eintrat, wurde jemand hinausgetragen, sozusagen ausgewechselt, vielleicht hätte ich aber diesem Umstand etwas mehr Beachtung schenken sollen.

Ich war also noch gar nicht ganz durch die Tür, stockte gerade vor dem Anblick der feinen Marmorhalle mit der zu beiden Seiten geschwungenen Treppe, als mir dort aus der Tiefe eine Bahre entgegengetragen wurde. Eine Bahre? Ich schwöre, es war eine unglaublich mit schwarzem Leder oder, schlimmer noch,

Kunstleder überzogene Bahre mit zwei Trägern, vorne und hinten, wie es sie überhaupt nicht mehr gibt. Darauf lag totenbleich ein Herr. Also ich sage Herr, denn es war einer. Sorgfältig schwarz gekleidet und ohne jede Frage in seinen Tagen eine ganz große Nummer, jetzt dagegen bleich wie der Tod, ein Schatten, eine ferne Begebenheit – – und was wollte ich denn hier um Gottes willen.

Und dann sah ich etwas, das mir noch unglaubwürdiger erschien – ich meine, daß ich so etwas jemals zu sehen bekam: Dieser Herr vollführte eine Handbewegung, eine merkwürdige Drehung mit zwei Fingern. Das muß ich mir noch einmal vor Augen führen: Da wird ein Totenbleicher von zwei Pflegern hinausgetragen, das heißt, viel zu tragen war nicht mehr an dem Menschen, aber der kann immerhin noch zwei Finger heben, um den in der Halle Anwesenden die »Krähe« zu machen, womit er sicherlich in seinen Tagen absoluten Schrecken verbreitet hatte – während heute die zwei Finger in einer Art Entschuldigung erstarben. Ob die Entschuldigung angenommen wurde?

Jedenfalls hatte er die volle Aufmerksamkeit der in der Halle auf roten Plüschsesseln sitzenden Gäste, wogegen ich mit meinen drei Gepäckstücken noch immer unbeachtet an der Tür stand. Ich ging dann zur Rezeption hinunter, und während ich die Anzahlung für ein Zimmer leistete – es war gerade eins frei geworden (!) –, musterte mich die Rezeptionsdame sorgenvoll; ich hatte wohl den Packen Scheine etwas zu sorglos aus der Tasche gezogen für ihren Geschmack, denn sie zischte:

»Mann, zeigen Sie hier bloß kein Geld!«

– – –

Sie blickte mich vernichtend an.

Und wie ich mich umsah, da besaß *ich* nun die volle Aufmerksamkeit. Da saßen sie alle rechts und links in der langen Halle, der mit den blauschwarz heruntergekämmten Haaren, der mit dem gefärbten Schnurrbart, der im Eidechsenhemd mit der Sonnenbrille und der im strohfarbenen Anzug, sie waren alle da, letzterer gleich zweimal. Ach ja, und der Dicke, der seinen Partner in Beton eingegossen hatte.

Noch ein Eindruck: Am Ende des Ganges hinter der Toilettentür – die aber offenstand – versuchte ein Mann, der sich aus irgendeinem Grund kaum auf den Beinen halten konnte, aus seinem deutlich sichtbaren Geschäft zu pullern. Während die Rezeptionsdame die ganze traurige Angelegenheit ohne Hemmung betrachtete und »Scheiße« sagte.

Das Ritz.

*

Aber am Morgen sah die Welt besser aus. Die Sonne schmeichelte sich zum Fenster herein. Unten von der Straße her kamen die offenen Geräusche eines schönen warmen Landes, laue Gerüche, weicher Wind, das Klingeln von Kaffeetassen. Ich fuhr mit dem Fahrstuhl, einem mahagonigetäfelten Ungeheuer, zur Halle hinunter, wo in der Ecke eine zur Straße hin offene Frühstücksstube eingerichtet war, das »Ritz Quick«, das ich guten Mutes betrat. Nur daß es hier offenbar nicht ganz einfach war, ein Frühstück zu bekommen. Anfangs fiel es mir gar nicht auf, ich saß ruhig auf meinem Hocker – und ich befand mich an diesem Morgen in wirklich guter Verfassung –, die Bestellungen gingen hin und her, und auch ich erhob meine Stimme, um mich bemerkbar zu machen. Toast? Toast kriegte mein Nachbar. Ich verlangte »fried eggs!«, aber da wurden erst einmal andere Gäste abgefertigt. Ich sagte:

»Eier mit Schinken.« Schinken war aus. Ich sagte:

»Kaffee.« Kaffee war offenbar aus.

»Coffee with cream – –«, es dauerte eine ganze Weile, bis mir die Wahrheit aufging: Frühstück bekam man in dieser schönen warmen Stadt nicht auf Englisch, Frühstück bekam man auf Spanisch, Café con leche, uevos fritos con jamon, jawohl, die allerdings sehr schnell.

»Uevos rancheros con frijoles negras?«

– – – und da ich nun einmal dabei war:

»Pollo picante con christianos y moros y platanos fritos con salza azul?« Eine Minute, nicht mehr. –

Ich machte mich dann auf den Weg zu meiner Baulandgesellschaft, drei oder vier Blocks weiter südlich an der Biscayne Bay; es war ein sanftwehender Vormittag, in dem blauen Seidenhimmel schwammen ein paar delikate Wolkentupfen, und die Turmhäuser standen alle noch, und sie trugen auch noch ihre berühmten Namen. Der Turm mit der Bogenspitze aus gold-lila Email, der mit dem Bronzeglobus, der mit der schwarzsilbernen Treppenpyramide. Fast konnte ich, wenn ich genau hinhorchte, ganz oben das Dachgartenorchester spielen hören – aber es spielte wohl nicht mehr.

Die Adresse erwies sich dann als ein nüchterner

Glaswürfel, wo im sechzehnten Stock hinter einer Wand aus Ornamentbeton die »Sunland Developing Cie« ihr Quartier hatte. Das allerdings geschlossen war. Ich versuchte es nach einer Stunde noch einmal, aber die Sunland hatte offenbar keinen Publikumsverkehr an diesem Tage.

*

Nun brauchte ich die Leute gar nicht, denn ich hatte einen Lageplan. Am Nachmittag nahm ich ein Taxi, um zum Seminola Creek hinauszufahren, entgegen einer gewissen Skepsis von seiten des Taxifahrers, der meinte, daß die Straße nicht besonders gut sei. Seine genauen Worte waren: säuisch schlecht. Darauf gab ich zunächst nicht viel, denn ich hatte nicht erwartet, daß da bereits ein Prachtboulevard hinauslief, das ganze Projekt war wohlverstanden noch in der Entwicklung (in der Sunland-Entwicklung) begriffen. Wohnen und Leben im Sonnenschein, zwanzig Meilen von Downtown Miami in absoluter Naturlage, eine wunderbare Sache.

Die zwanzig Meilen erwiesen sich allerdings als sehr lange zwanzig Meilen, indem sich der Taxifahrer weigerte, schneller als 20 km/h zu fahren; teilweise verständlich, nachdem die anfangs glatte Betondecke zunehmend Löcher aufwies, um dann durch eine Schotterstraße abgelöst zu werden, die schließlich in eine mehr oder weniger zufällige Fahrrinne mündete. Ein Flugplatz für uralte Propellermaschinen. Eine Industrieanlage mit Rohren. Noch ein Flugplatz. Wir passierten Ölfässer, ungefähr zwanzig Minuten lang,

Ölfässer und Rohre, dazwischen etwas Wasser in langen flachen Tümpeln, Miami hatte ich mir auch anders vorgestellt. Noch eine Industrieanlage und dann Gras. Der Taxichauffeur hatte bis dahin seine Skepsis beibehalten, die nun aber langsam in offene Feindschaft umschlug, da die Fahrspur oder die Fahrspuren – denn nach Belieben hatte man mehrere zur Auswahl – eine Art Waschbrettcharakter annahm und das Taxi älteren Baujahres in geradezu schraubenlösende Vibration versetzte. Ich blickte derweil aus dem Fenster. Gras, aber nicht das Gras, das wir kennen, sondern hohes, hartes, schwertartiges Zeugs, gemischt mit dichtem Gestrüpp.

Als er einmal sehr laut fluchte, bot ich ihm meinen Rat an (daraufhin wollte er mich töten), ich sagte:

»Mann, Sie machen das falsch, Sie sitzen genau in der Vibration. Entweder Sie müssen schneller fahren oder langsamer, auf dem Waschbrett.«

Daraufhin drehte er sich zu mir herum, und ich sah, daß er mich allen Ernstes schlagen wollte, soweit ich diesen geschwollenen Gesichtsausdruck deuten konnte. Das einzig Versöhnliche war eigentlich nur seine Kappe, auf der vorne geschrieben war: Born to kill. Mein Gott.

»Und dann«, sagte ich zu ihm, »sollten Sie überhaupt beim Fahren nach vorne sehen.«

Trotzdem gelangten wir ans Ziel. Es gab noch mehr Gras und Gestrüpp, dann endete die Spur vor ein paar Wellblechschuppen, die an einem Wasserarm – oder halb in einem Wasserarm – standen und offenbar unbewohnt waren. Seminola Creek. Nein, eine war bewohnt, denn jemand hatte hier verzweifelt versucht,

Löcher im Dach mit alten Blechschildern zu flicken, »Have a Budweiser«, »Charlie Chops Ant and Roach Spray«, »Coke«, letzteres verkehrt herum, ich konnte es aber trotzdem entziffern.

»War es hier, wo Sie hin wollten?« fragte mein Taxifahrer.

»Eigentlich nicht«, erklärte ich ihm, »eigentlich ist es von hier aus noch etwa zwei Meilen, aber ich glaube nicht, daß Sie da mit dem Taxi durchkommen.«

»Nicht?« staunte er.

Nach meinem Plan, also nach meinem Plan mußte hier am Wellblechschuppen ein Weg sein. War ein Weg: eine Spur, die ins vorgelagerte Grasgelände führte. Nicht sehr begangen und auch nicht sehr vielversprechend, außerdem stand da ein alter Mann in Hosenträgern auf der Spur und zielte mit seiner Schrotflinte – ich will jetzt nicht behaupten, daß er auf mich angelegt hatte, aber er zielte ziemlich genau abwärts auf meine Füße.

»Da können Sie nicht hin.«

»Und warum nicht?« fragte ich höflich, immerhin hatte ich noch den Taxifahrer als Zeugen im Rücken.

»Da ist Sumpf«, erklärte der Mann.

»Und hier?«

»Da können Sie auch nicht hin.«

»Sumpf?«

»Sumpf«, nickte der Mann. »Wo Sie hinkönnen, sage ich Ihnen.«

Jetzt war ich wirklich neugierig geworden, vielleicht gab es noch eine Möglichkeit.

»Sehen Sie diese Holzplanke?«

Ich sah sie, und sie wirkte auch nicht sehr begangen.

»Da können Sie hin.«

– – –

Immerhin hatte es insgesamt etwa fünf Minuten gedauert, bis mir der ganze Wahnsinn dämmerte: Ich hatte mein gesamtes Geld in einen Sumpf gesteckt! Der Wasserarm hinter dem Schuppen war mir geläufig, der war dieses sanft gebogene S, das auf meinem Plan eingezeichnet war. Und vorne an dem S sagte der Plan ganz deutlich »das Postamt«, das ist ein Postamt. Es stimmte: Einmal in der Woche wurde von hier aus die Post in einem Kahn stromaufwärts (oder stromabwärts) gefahren; und der Postbeamte war auch vorhanden, das war der Mann mit der Flinte. Wo ist der eingezeichnete Flugplatz? Das war der, den wir vor zwei Stunden hinter uns ließen.

Ich hatte immer gedacht: Viel kann eigentlich nicht passieren. Es ist zwanzig Meilen von Downtown Miami, und der Quadratfuß kostet fünf Cent, da kann gar nichts passieren. Selbst im allerschlimmsten Fall *kann* nichts passieren. Ich hatte ja den Plan gesehen. Ich hatte die projektierten Straßen gesehen, die Parzellen, wie und wo sie lagen, ich hatte sogar die angepflanzten Palmen gesehen, die jede für sich einen sternförmigen Schatten warfen. Ganz deutlich auf dem Plan.

Erledigt.

Ich weiß nicht, wie lange ich am (feuchten) Ufer meiner Besitzung gesessen hatte, eine Stunde, zwei Stunden, es ging auf Taxirechnung, aber es kam sowieso nicht mehr darauf an. Ich darf sagen, daß ich am Ende angelangt war, ein toter Mann, ich hatte mir das

Ganze wohl doch zu leicht vorgestellt. Was konnte ich tun, zurück nach Watchacoogie? Oder noch weiter, ganz zurück.

*

Nach einer Woche wohnte ich immer noch im Ritz. Ich hatte einen Dauerpreis ausgehandelt – ich traue mich nicht zu sagen wieviel –, wohnte etwas düster nach hinten hinaus mit einer nicht funktionierenden Klimaanlage. Aber sooft ich im Laufe dieser Woche die Sunland Developing aufsuchte, sie waren weiterhin verreist, sie waren, wie es den Anschein hatte, wohl ganz und gar ausgezogen, ja, mir kam der Verdacht – also, um einen Verdacht handelte es sich dann gar nicht mehr: Diese Firma war eine Scheinfirma, eine ganz miese, die gab es gar nicht.

So war das nämlich. – Ich kaufte eine große Büchse Scheuerpulver und scheuerte damit meine Badewanne, schließlich scheuerte ich das ganze Badezimmer, schilfgrüne Fliesen mit grauen Lilien, die da nach fünfzig Jahren wieder zutage traten. Ich richtete mich ein, eben in einem etwas kleineren Maßstab. Alles in allem war das ein gutes Zimmer mit einem guten Blick über den Hof in ein anderes Zimmer, wo tagsüber in unregelmäßigen Abständen Teile eines weißen Beines oder eines weißen Armes sichtbar wurden.

Und als ich endlich alle Moskitos erlegt hatte, die hier gewohnt und durch das Gitternetz nicht hatten hinauskönnen, und feststellte, daß mein Gegenüber eine ehemalige Schönheitstänzerin war (besser hätte ich es gar nicht treffen können), begann ich – also ich erinnere mich genau an den Augenblick, als ich eines

Spätnachmittags den schaukelnden Fahrstuhl verließ und in mein Zimmer, in diesen unglaublichen Mief von Mauerhitze und Insektenspray, trat, daß ich mich plötzlich – zu Hause fühlte.

Kann man das verstehen?

Ich stellte mir einen Stuhl ans Fenster und las die Miami Gazette, erfuhr etwa, daß man in den Pizzen einer Großbäckerei in der Fulton Street Rasierklingen gefunden hatte und man drei Millionen Pizzen mit Metalldetektoren durchkämmte. Oder es war eine Biermarke, in die jemand gepinkelt hatte und die nun niemand mehr trinken wollte, die gelbe Sorte. Eben der tägliche Dschungelkrieg. Und ich saß ja hier ganz gemütlich am Fenster und riskierte ab und zu mal ein Auge über den Hof.

Ich bekam sogar einen gewissen Durchblick. Wenn ich morgens mit dem Fahrstuhl – dem ich nicht sehr traute – zur Frühstückstheke hinunterfuhr, dann hatte ich meinen einigermaßen festen Platz am unteren Ende. Weil hier nämlich eine Rangordnung herrschte, die man besser akzeptierte: wer wo saß und mit wem. Und mit wem nicht, das war noch wichtiger. Die Lautstärke, die zunahm oder abnahm, wenn jemand hinzutrat, wer weiteraß und wer nicht. Weißer Hut mit Band, Hemd mit aufgedruckten Hufeisen, gar kein Hemd, alles hatte seine Bedeutung, und wenn man erst einmal den Blick geschärft hatte, war es gar nicht so schwer, die Zeichen zu lesen.

Es gab da zum Beispiel einen Herrn, der sich den Schnurrbart und die Schläfen färbte und den Leuten beim Reden den Arm um die Schulter legte, der war ohne Bedeutung. Oder ein anderer gewisser Herr war immer dunkel gekleidet, hatte dünne angeklebte Haare und machte kaum den Mund auf; der stand erheblich höher in der Rangordnung. Und ein Jüngerer mit dünnem Haar und hellblauem Anzug, mit nicht gefärbtem Schnurrbart, der den Leuten den Arm um die Schulter legte und laut sprach, der war von großer – ich bringe das jetzt hoffentlich nicht durcheinander – ja, der war von großer Bedeutung. Nicht dagegen der messerscharfe Kerl im Eidechsenhemd, und auch nicht der mit der geölten blauschwarz heruntergekämmten Frisur, mit Namen Felipo. Der auch nicht. Aber von absoluter Bedeutung war jemand – jetzt erinnere ich mich –, der Rosa hieß, ein gewisser Don Rosa, offenbar der Chef der ganzen Gesellschaft. Den man aber nie zu Gesicht bekam.

Ganz akzeptieren konnte ich die Rangordnung allerdings doch nicht. Wenn ich morgens mit dem Fahrstuhl hinunterrumpelte – dieser blieb meistens irgendwo hängen und schaukelte heftig in den Kurven (!) und die Anzeigeuhr aus Messing zeigte ständig das sechzehnte Stockwerk an –, dann betrat ich die Halle immer mit Erwartung. Es war möglich, daß der Nachbar links, der mit dem gefärbten Schnurrbart, nicht anwesend war, dann rückte ich einen auf. Oder ich kam sogar zwischen Eidechsenhemd und hellblauem Anzug zu sitzen, das geschah immer dann, wenn der Hellblaue seinen Kompagnon nicht bei sich hatte, den ich sonst immer nur von hinten sah, ich weiß nicht, ob das böses Blut verursachte, ein bißchen vielleicht. Ich will damit nur zum Ausdruck bringen, daß hier eine Balance vorhanden war, eine schwebende, die man möglichst wenig stören sollte. Fast spirituell, möchte ich sagen. Unter keinen Umständen setzte sich jemand auf den gepolsterten Stuhl vorne, wo die Theke zum Eingang hin abwinkelte. Der Sitz war immer leer, und selbst ich mit meinem geringen Durchblick konnte sehen, daß er immer ganz *besonders* leer war: Der Stuhl war heiß.

Einmal fragte ich meinen Nachbarn danach, nicht ahnend, wie nahe ich damit einem unerwartet frühen Ableben kam. Oder – wenn ich es mir jetzt überlege – doch mit einer gewissen Ahnung erfüllt. Erhielt allerdings so gut wie gar keine Antwort. Nur, daß ein gewisser »Bag« dort zu sitzen pflege (Bag bedeutet soviel wie Sack, damit war ich auch nicht schlauer geworden).

*

Ich besorgte mir eine Ausrüstung, bestehend aus hüfthohen Wasserstiefeln, einem Kompaß, einem Strohhut und einem Strick. Letzterer muß eine Eingebung gewesen sein, denn wozu hätte ich einen Strick brauchen sollen. Außerdem führte ich eine große Flasche Club-Soda mit, die ganz große mit dem Plastikhenkel. Ich nahm diesmal kein Taxi, sondern entschloß mich zu einem Leihwagen der Firma Rent'n Drive, die mir ein besonders gutes Angebot machte, allerdings auch mit einem gewissen Nachteil, wie sich später herausstellte. So fuhr ich die zwanzig Meilen über die Schotterstraße in einigermaßen gefaßter Stimmung, bemüht, mich zwischen der Vibration zu halten. Ölfässer, Industrieanlagen, Gras und Rohrplätze. Ich wollte positiv denken.

Diesmal *betrat* ich mein Grundstück. Und zwar

von der Wasserseite her über die Holzplanke, die dann in der Verlängerung in einen getretenen Pfad mündete. Immerhin erkennbar. Der Boden gab etwas nach, schwappte einigermaßen, war aber sonst sicher, und als ich einmal zurückblickte, konnte ich mich ganz gut an dem Blechdach mit dem umgekehrten Coke-Zeichen orientieren, da stand noch immer der alte Mann mit der Flinte. Nicht noch vom vorigen Mal her, versteht sich, aber als hier offenbar unvermeidliche Zutat stand er immer noch da. Dann nach einer Kehre konnte ich ihn nicht mehr sehen, sah aber noch das Blechdach.

Der Busch, den ich umrundete, stand überhöht auf Stelzen, das heißt, seine Wurzeln kamen zirka zwei Fuß hoch aus dem Boden, um dann erst einen Busch zu bilden, ein Hinweis auf den eventuellen Wasserstand. Und was soll ich sagen, sah ich doch unter dem Busch einen Fisch, einen atmenden Fisch mit zwei Flossen rechts und links vom Maul. Eben war er noch da, dann war er wieder weg.

Leben im Sumpf. Weiter hinten waren noch mehr Bretterbohlen gelegt, hier schwappte der Boden schon ganz erheblich, und ein Tier, ein Wasserschwein – es war wohl doch bloß eine Ratte –, brach plötzlich vor mir davon. Gasblasen, gelbspitziger Röhricht, breitblättrige Kriechanemone, das geschulte Auge hätte hier sicherlich alle Arten genau erkannt. Halbversunkene Baumstämme. Ein Ford Modell 57, halb versunken. Nach einer weiteren Biegung hatte ich einen Augenblick lang das Gefühl, das Coke-Zeichen, das eigentlich hinter mir sein sollte, vor mir gesehen zu haben, und dann war der Pfad plötzlich verschwunden. Ich ging ein paar Schritt zurück, nichts als dieses grüne Zeug, das sicherlich botanisch sehr interessant war (wahrscheinlich ganz simple Entengrütze), aber keine Spur eines begehbaren Weges.

Ich versuchte, nicht in Panik zu geraten. Ich ging noch einmal zurück, auch etwas nach rechts und links, ging wieder nach vorne. Der Pfad war weg. Jetzt geriet ich etwas in Panik, sagte mir aber, daß ich nicht allzuweit von dem Wasserlauf entfernt sein konnte (der in meiner Karte eingezeichnet war), da ich dem Kompaß nach ziemlich gerade nach Norden, also parallel gegangen war, und wenn ich jetzt nach rechts ging, auf eben diesen Wasserlauf stoßen mußte. Dachte ich.

Es war ganz alleine meine Schuld. Ich hatte den Sumpf nicht ernst genommen, und zwar deshalb, weil es sich ja eigentlich um meinen eigenen handelte – im Augenblick erschien mir das plausibel –, aber dann sah ich ihn plötzlich vor mir, in seiner ganzen Ausdehnung, zweihundert Meilen gestricheltes grünes Sumpfland! Die Everglades! Die gefürchteten, unberechenbaren und gänzlich unpassierbaren Everglades! Soweit ich mich erinnerte, bestand überhaupt das ganze untere Drittel Floridas aus Everglades. Und dann kam das Schreckensbild: Alligatoren. Ich stand hier – blickte um mich –, stand hier fröhlich mitten im Alligatorengebiet. Und dann brach ich mit dem linken Fuß ein.

Ich darf mir wirklich ganz allein die Schuld geben.

Bin ja hier wie ein Esel reingeraten.

Also der Boden war überhaupt nur Schlamm, grauer zäher Schlamm, der ganz oberflächlich zu einer

Kruste gebacken und überwachsen war. Ich hatte später noch Gelegenheit, die viel schlimmere gelbe Sorte kennenzulernen, zunächst aber geriet ich erst einmal in Panik, ich warf mich auf den Rücken, brüllte – und zog den Fuß wieder heraus. Es folgten ein paar Gasblasen.

Ich lag auf dem Rücken. Fühlte den sanften schmatzenden Zug des Bodens, sah die Muschelkrusten, die sich unten an den Stielwurzeln befanden und die ich bisher nicht hatte sehen können, dann, als ich vorsichtig hochkam, bemerkte ich das Brett. Ich habe mich später oft gefragt, wieso um alle Welt ich einen Strick mitgenommen hatte, Eingebung? Es waren nur Stücke von einem Brett, zwei Stücke, schwarz bewachsen, offenbar Reste eines früheren Steges, der hier weggefault war. So wie in diesem lauwarmen Wasser alles wegfaulte. In dieser Brühe.

Um aber auf meinen Strick zurückzukommen, ich nahm die Brettstücke und band sie mir unter die Füße, versuchte damit zu gehen – fünf, sechs, sieben Schritt, ohne einzubrechen. Durfte mir wirklich zu dieser Erfindung gratulieren. Ja, die Sonne war hervorgekommen, ich sah einen Uglibird im Geäst, eine Stabschlange, eine pole-snake, in einiger Entfernung (glaubte wenigstens, eine zu sehen). Es lag hier ein eigenartiger Geruch über dem Gelände, nicht unangenehm, sehr frisch und auch sehr alt zugleich. Schließlich ganz unversehens geriet ich wieder auf meinen alten Pfad, ja, da war auch der Ford, Modell 57, halb versunken auf die rechte Seite gelehnt. Vorne konnte ich sogar schon wieder das Coke-Zeichen erkennen, ich machte noch ein paar Schritte mit meinen vergrößerten Füßen – – und dann brach ich voll ein.

Aber diesmal bis zu beiden Knien. Den großen braunen Fleck im Gelände hätte ich wirklich sehen müssen, ich hatte ihn sogar gesehen und gedacht, er sehe aus wie Brotsuppe, wie große braune erstarrte Brotsuppe, und war voll draufgetreten: Die Brettchen brachen fast gleichzeitig weg, ich fuhr mit beiden Beinen ohne Widerstand in den Schlamm, spürte, wie ich dann noch tiefer absank, versuchte das eine Bein herauszuziehen, legte mich schließlich auf die Seite und sank weiterhin ab.

Ich glaube, ich habe keinen Laut von mir gegeben, ich war ganz still, ich war überhaupt nicht gewillt, daran zu glauben: Hier unverhofft und eigentlich ohne jeden Grund ums Leben zu kommen? Und ohne jedes Aufsehen – – –

Ich drehte mich dann herum, um an den Pflanzenbüscheln Halt zu finden; die ließen sich aber ganz leicht herausziehen, und ich war inzwischen nur noch tiefer abgerutscht. Das sah ich überhaupt nicht ein, das war – – – eigentlich nicht möglich, daß mir das hier passierte, bis ich dann unter meinen Füßen tief unten etwas Kompaktes wahrnahm, irgendwie etwas Festes.

Also da habe ich doch noch gebrüllt.

Als ich das wahrnahm, da unten. Ich glaube, da habe ich mich wie ein Wahnsinniger gebärdet, mit den Armen um mich geschlagen, mit den Füßen nach unten gestoßen. Gebrüllt. Gefuchtelt. Gestoßen. Und bin auch gleich frei durchgestoßen.

Endgültig ins Leere.

Da hatte ich es geschafft. Mit einer nicht mehr zu überbietenden Beharrlichkeit – und ich meine damit den ganzen Weg bis hinein in dieses Loch, bis zum Laguna Boulevard, der ja wohl hier verlaufen sollte – hatte ich es geschafft, mich hier zu versenken. Machen wir uns nichts vor, sagte ich mir, jetzt sitze ich ziemlich tief in der Scheiße. Aber! In meiner ganz eigenen und zu einem sehr günstigen Preis erworbenen Scheiße.

Dafür konnte ich aus Augenhöhe die Schuhkäfer sehen, die Fliegen, die Ameisen auf ihrem Weg nach Hause, abgeschnittene Blattenden schwenkend. Brüllen und Fluchen – ich hätte nicht gedacht, daß ich in der Lage war, so ungeheuer dreckig zu fluchen.

Ein weiterer Versuch, mich freizustrampeln, versenkte mich nur noch tiefer, diesmal wirklich bis zum Hals. Es kamen dann merkwürdig kühle Überlegungen: Springbohnen zum Beispiel, die mich aus einiger Entfernung anspringen, so daß ich mich noch eine Weile hätte ernähren können. Oder die Flasche Club-Soda, die mir aus der Hand gefallen war und nun außer Reichweite lag, aber immerhin so, daß ich sie mit einem System von zusammengesteckten Grashalmen vielleicht erreichen konnte.

Das Überlebensrohr! Daß ich daran noch nicht gedacht hatte. Natürlich würde ich für den Fall, daß ein weiteres Absinken stattfand, ein Überlebensrohr aus Schilf (die dicke Art) benutzen! Das ein Atmen selbst in tieferen Lagen möglich macht. Selbst in zwei bis drei Fuß Tiefe, so etwas funktioniert doch, dachte ich, mein Gott, das habe ich doch irgendwo gelesen, daß es funktioniert. – Oder als letzter Ausweg, als allerletztes Hilfsmittel: Das Einatmen von kleinen giftigen Smaragdfliegen.

Um den Todeskampf abzukürzen.

*

Am Ende war es dann der alte Mann, der mich rettete, und auch nur, weil er neugierig war und wissen wollte, was ich stundenlang im Sumpf trieb. Mit der Flinte zielte er immer noch schräg nach unten, als er auf mich stieß. Nur war es diesmal mein Kopf, auf den er zielte, entsprechend meiner Position. Und es war die Flinte, an der er mich herausholte.

In erbärmlichem Zustand, mit Schlamm bedeckt und in gewissem Sinn auch mit Unehre, saß ich dann in dem Leihauto, für das ich nun doppelte Gebühr bezahlen mußte, weil die Zeit überschritten war – ich sagte ja, daß die Sache einen Haken hatte. An der Einmündung des Jefferson Freeway in die Interstate verursachte ich dann fast noch einen Unfall. Als nämlich ein offensichtlich ermüdeter Familienvater mit vierköpfiger Familie aus Cleveland plus Hund meinem verbeulten Chevy nicht nachgab. Der Mann war wohl genauso abwesend wie ich selbst. Alle Insassen außer ihm, inklusive schwarzweißem Hund, blickten angsterfüllt aus dem Fenster, während ich auf den Grasstreifen, auf die weiche Schulter, abgedrängt wurde. Das war gerade in dem Augenblick, als die noble weiße Silhouette Miamis über dem Bogen der Insterstate auftauchte. Nein, ich wollte mir nichts mehr vormachen, da gab es nichts mehr zu beschönigen.

Aber, sagte ich mir:

Du bist zwar nur ein Beispiel – a dream within a dream –, und ganz hast du ja nie daran geglaubt, aber hier bin ich, ich lebe ja – das kann man ja sehen –, ich bin vorhanden, und die großen Fälle warten immer noch auf mich: Die Syndikatsdiamanten, die man verlorengegangen glaubt (sie befinden sich dann als Zukker in einer Zuckerdose). Und die Schönheitstänzerin, die zu Unrecht des Gattenmordes angeklagt ist, das Auffinden von Sir Francis Drake (er hatte sich in der Zeit geirrt) und nicht zuletzt der alles überschattende Fall Constantin, mit vierundzwanzig Einschüssen in der Panzerlimousine.

Ein langer hallender Korridor, der sich da vor mir auftat, mit einer haarscharf in die Tiefe reichenden Perspektive, denn so wie ich hier in meinem Leihwagen saß, sollte es mich eigentlich gar nicht geben – gab es aber doch! Oh, die Leute sollten mich kennenlernen (wen sie hier vor sich hatten).

So leicht sollte man mich nicht loswerden.

Allerdings, als ich das nächste Mal vorstellig wurde, da hatten sie inzwischen die »Sunland Developing Cie« von der Sichtbetonwand abgeschraubt, man konnte nur noch die helleren Schriftschatten erkennen. Dahinter waren die beiden Geschäftsräume frei zur Anmietung, da war nun wirklich nichts mehr zu wollen, ich schritt die Räume ab, nichts als Markierungen des ehemaligen Mobiliars, nichts als blasse Schatten, und die waren auch schon im Schwinden begriffen, so wie ich den Laden hier einschätzte. Bis ich dann auf den Hausmeister traf, jedenfalls auf jemanden im blauen Kittel, Gott segne ihn – eines Tages kann man ja auch einmal Glück haben –, der produzierte also, nachdem ich einen Zehner geschwenkt hatte, aus seiner Tasche eine Postadresse, die zum Nachsenden von irgendwelchen Rollostangen gedacht war: Das Forsite Hotel. –

Na, das war doch immerhin etwas. Das Forsite Hotel befand sich in der 10. Straße Süd, ein flacher Schuppen, eigentlich mehr eine Einfahrt mit einer Abdeckung, wo hinter dem vergitterten Fenster in der Mauer der Hotelmanager saß – wo sich die Hotelzimmer befanden, war nicht ganz klar, wahrscheinlich in den Lagerschuppen rechts und links. Jedenfalls war er nicht dazu zu bewegen, einen Blick auf meine Lieferung Rollostangen zu werfen, ein schwärzliches Walroß, das offenbar in seinem Fenster festgeklemmt war und sich auch nicht bewegte, als ich einen Zehner schwenkte (ich hätte ihm den sowieso nicht gegeben). Dafür bekam ich aber eine neue Adresse:

Cosby & Co, Schleifpappen en gros. Das war ganz weit draußen, fast schon in Gramercy, wo sie einen anschauen, als ob man nicht ganz bei Sinnen wäre. Als ich dort um zwei Uhr nachmittags ankam, wurde gerade das Hintergebäude abgerissen, die Abbrucharbeiter waren alles Vietnamesen, auch der Patron, ich verstand überhaupt kein Wort. Und aus dem Vordergebäude trugen sie auch schon die Türen heraus, es war vollkommen klar, daß morgen um diese Zeit keinerlei Spur mehr vorhanden sein würde. Von irgendeiner Sunland Developing.

»Verstehen Sie mich, Mann«, rief ich aus, »da muß doch noch irgend etwas zu finden sein, irgendeine verdammte Ablage, ein Hinweis, ein Sunland!«

»Sang Leng?« Der Mann war überhaupt keine Hilfe, und dann, wie ich noch lauter wurde, weil mich der Mann ja überhaupt nicht verstand – also wir standen hier auf dem großen grauen Schuttberg, den sie inzwischen aufgeschüttet hatten –, wie ich gerade laut und beleidigend werden wollte, da sah ich etwas. Herrgott, ich sah etwas: Zu meinen Füßen, staubbedeckt, aber immer noch sonnenbeschienen, sah ich stecknadelgroße Königspalmen kleine sternförmige Schatten werfen. Ganze Reihen von Königsplamen. An feinen Boulevards stehend, von feinen Kanälen begleitet. Ich sah die Prototyp-Hauskomplexe, Herrgott, die Lagunenterrassen, die Uferböschungen, ich sah das ganze Sunland Development, und zwar das komplette, fix und fertig gebaut. Ich fand das Gipsmodell!

Das hatte man in ungeheurer Lieblosigkeit auf den Haufen geworfen, halbverschüttet von Mauergries und Glasscherben. Ich habe es dann in seiner ganzen Länge auf mein Hotelzimmer geschafft, wo es – also, ich will sachlich bleiben, ich durfte es da ein paar Tage hoffnungsvoll betrachten, aber es war natürlich nicht mehr zum Ansehen, jemand hatte auch schon draufgetreten, ich habe es dann schließlich doch noch in die Mülltonne geworfen.

*

Snakewomans erster Auftritt bleibt unvergeßlich. Es war sechs Uhr, die Stunde des zwielichtigen Bernsteins unten in der Hotelhalle. Wenn dort ein vorübergehender Luxus aufgeht – es dauert nur zehn, höchstens fünfzehn Minuten, danach trinken wir alle aus, und der Schmelz ist weg. Normalerweise. Doch an diesem Tage, als ich mich gerade erheben wollte, sah ich da einen überwältigenden Stapel von parfümierten weißen Lederkoffern an der Rezeption stehen. Und da war sie! Heute glaube ich übrigens, daß sie völlig davon überzeugt war, sich in einem wirklich feinen Hotel zu befinden. Stand da auf schokoladenbraunen Säulenbeinen, die aus winzigen weißen Schuhen kamen und in einer gewissen Höhe in geradezu monumentalen Hüften mündeten, und als sie sich drehte – also, das bleibt auch unvergessen – wurde ein mindestens ebenso monumental ausladender Popo sichtbar. Ich will jetzt nicht übertreiben, aber auf dem hätte gut und gern ein zwölfjähriges Kind sitzen können, und zwar ganz bequem (wobei Popo wirklich zu schwach klingt).

Es wird vielleicht aufgefallen sein, daß ich mich bisher über Damen nicht weiter ausgelassen habe, und das hat auch seinen Grund, wie soll ich es erklären – ich habe auf diesem Gebiet einfach einen blinden Fleck, ich glaube, ich habe da nicht genügend mitbekommen, proportional meine ich. Und wenn ich an dieser Stelle antippe, muß ich sagen, fühle ich mich unbehaglich: Schrecken der Unterwelt, Stadt ohne Gnade, ja, aber Venus im Pelz eben nicht, denn die stand irgendwo auf einem ganz oberen Regal, wo man nicht hinkommt. Während ich diese heikle Erinnerung gar nicht haben dürfte. Ich sehe schon, ich begebe mich hier in eine ziemlich unhaltbare Position, nein, ich will es so erklären: Da ist die Mutter, wahrscheinlich eine angenehme Blonde, bestimmt nicht groß, eher fraulich gerundet, ganz in Maßen, in mütterlichen Dimensionen. Aber wie ist das mit einem kleinen Jungen. Für den muß sie doch, wenn er sie jemals gesehen hat, riesengroß erschienen sein, für seine kleinen Verhältnisse. Ungeheuer breit, die ganze Welt ausfüllend. Ich meine, wenn er sie *gesehen* hat; denn man soll sich nicht dem Irrtum hingeben, solche kleinen Jungen hätten noch keine Regungen, und was geht mich das an?

Sehr viel.

Als sich nämlich diese schwarze Dame, um die es sich hier handelt, über den Rezeptionstisch lehnte, immer noch im Glauben, dies sei hier alles erstklassig, da bot sie den anwesenden Herren – ganz speziell mir, der ich gerade hinter ihr saß – eine solche ungeheuerlich monumentale Kehrseite, daß allen, ich sage allen und ganz speziell mir, der Rest des Drinks aus dem Glase hüpfte (als direkte Folge wahrscheinlich frühester Regungen).

Ich erlaubte mir, der Dame behilflich zu sein, nahm ihr den Mantel ab, rückte alles zurecht, produzierte einen Kugelschreiber und schaltete mich auch sonst vermittelnd ein – immerhin bewahrte ich sie vor einem Zimmer mit durchgebrochener Decke, und sie hatte es einzig und allein mir zu verdanken, da sie schließlich eines bekam, in dem schon der Filmstar Ellen Lynn geschlafen hatte –, ließ ihr auch sonst meinen männlichen Schutz angedeihen, damit sie wenigstens bis zur Fahrstuhltür nicht ausgeraubt würde. Zeigen Sie hier bloß kein Geld.

Während alledem blickte sie hochelegant auf mich, auf die in der Reihe sitzenden Männer, auf dieses ganze Etablissement und war überhaupt fabelhaft. Ich erfuhr dann nach einiger Bemühung, daß die Dame in der Saison aus Costa Rica anreiste, um hier einmal im Jahr ihre Einkäufe zu betätigen. In style, mit einem Stapel weißer Lederkoffer, die vorläufig noch leer, bei der Abreise aber mit unaussprechlichen Hüten, Toilettenwassern, Tages- und Abendroben vollgestopft sein würden. Letztere vorzugsweise in Schlangenhautdrucken, die – soweit reichten die Auskünfte – für die Damen der Karibik speziell hergestellt werden. Demnach hätte ich eigentlich darauf vorbereitet sein sollen.

Aber als ich eines Abends an der Tür Nr. 336 klopfte, um die Dame zum Essen auszuführen, da blieb mir doch – als die Tür aufging – die Luft weg: Eine schwarzschillernde Python, bis zu den Hüften geschlitzt, die mächtig schwellenden Beine in Flimmerstrümpfen, an den Füßen winzige Eidechsenschuhe in allen Regenbogenfarben, dazu Ringe an den Fingern, an jedem Finger einen, und eine Boa um den Hals, ebenfalls in allen Regenbogenfarben, aber es war auch noch Sonnenuntergang und Sonnenaufgang dabei. Mir blieb buchstäblich die Luft weg vor soviel Sexappeal. Man denkt vielleicht, ich trage hier zu dick auf – nicht so, ich meine es ernst, todernst sogar. Das ist auch der Grund, weshalb ich sie »Snakewoman« genannt habe, die Tödliche, so steht es geschrieben.

Noch am selben Abend hätte sie mich dann fast umgebracht. Als ich ihren Riesenpopo in ein Taxi hineindirigiert und mit einiger Mühe wieder hinausdirigiert, schließlich bis zu dem Tisch ganz vorne an der von unten beleuchteten Tanzfläche geschafft hatte, da geschah es. Das Lokal war das »Copa Cabana«, und die Musik, die sie spielten, erzeugte diese ruckweisen Parallelverschiebungen wie bei Hühnern, die zu schnell laufen, ich kann es nicht anders ausdrücken. Nach vier Stunden Merengues und Cumbas war ich so erschöpft, daß mir die Knie zitterten, Snakewoman dagegen war frisch wie der Morgen und tanzte noch einen Merengue und noch einen Cumba. Schließlich müssen sie mich hinausgetragen haben, dieser Teil des Abends liegt für mich im Nebel, und an die Rückfahrt erinnere ich mich gar nicht mehr.

Ich wachte gegen sechs etwa, im frühen Morgenlicht, ganz trivial zwischen zwei Riesenschenkeln auf und hatte einen überraschenden und obszönen Einblick. Es muß noch später gewesen sein, weil draußen schon mit Eimern und Kehrschaufeln geklappert wurde. Um es deutlich zu machen: Es war ein höchst obszöner Einblick, den ich an dieser Stelle gewann, und wenn ich bisher aus mehreren Gründen noch nicht alles mitbekommen hatte – – –

Dann war es jetzt soweit.

*

»Besuchen Sie mich doch einmal in Costa Rica!«

Ich glaube, die Adresse stimmt heute noch: Zweihundert Meter nördlich vom Gymnasium (wo ist Norden in Limon?), fünfzig Meter rechts hinein, bis zur Ecke, die nicht bebaut ist, das Haus mit den beiden Schubkarren, nicht das mit dem Ziegelstapel. Straßen und Nummern gibt es dort anscheinend nicht, Namen auch nicht, das allein wäre schon ein Grund gewesen, die Dame auf der Stelle zu heiraten, aber angesichts der sich nun überstürzenden und ganz unvorhergesehenen Ereignisse kam ich ganz einfach nicht mehr dazu – – –, denn am nächsten Morgen war alles anders.

Als ich am nächsten Morgen durch die Halle ging, bemerkte ich da ein Schild auf dem Rezeptionstisch, so eine aufrechtstehende kleine prätentiöse Standarte für besondere Veranstaltungen:

SUNLAND DEVELOPING CIE *Auskünfte hier.*

Ich war wie vom Donner gerührt. Hatte sich der Kreislauf geschlossen, war es meine magische Anziehungskraft? Ich mußte erst zweimal hinschauen, um es zu glauben: Sunland Developing, die Schicksalsräder, die ineinandergriffen? Und sie hatten sogar eine Zimmernummer: 503, im fünften Stock, Geschäftsstunden zehn bis zwölf. Und jetzt war es zehn. Bingo.

Auf Nummer 503 saß dann ein schwammiger Herr am Tisch, an die Wand hatte er Pläne und Zeichnungen geheftet, die gleich auf den ersten Blick einen positiven Eindruck vermittelten, nebst allen mir bekannten Extras; ich war ja in keiner Weise voreingenommen und wollte mich gerne überzeugen lassen. Inzwischen hatte der Laguna Boulevard zusätzlich noch einen parallel verlaufenden Kanal mit bereits hohem Baumbestand erhalten – es führten, man sollte es kaum glauben, vier venezianische Brücken hinüber, und über diese Neuerung konnte man als Eigentümer nur erfreut sein.

»Was ist denn das?« fragte ich, indem ich mit dem Finger darauf zeigte.

»Der Seepavillon.«

Eine kreisrunde Anlage mit Einkaufszentrum, Kino, zwei Restaurants und einer Eisdiele, noch eine erfreuliche Neuerung.

»Wo kommt die Polizeiwache hin?« fragte ich. Ja, also bezüglich einer Polizeiwache war ich nun beharrlich, »es muß doch jemand da sein, der auf den ganzen Laden aufpaßt, ich meine, bei den heutigen unsicheren Verhältnissen.« Stieß hier aber anscheinend auf kein großes Verständnis.

»Wir haben hier – –«, sagte Mr. Sunland (und ich gewann mehr und mehr den Eindruck, daß es sich doch eher um ein Ein-Mann-Unternehmen handelte), »wir haben hier noch ein paar vorzügliche Grundstücke in Ecklage«, er zeigte mir, wo, »und dann haben wir noch ein ganz neues Projekt zwei Meilen weiter.« Also das war ja nun wirklich malerisch gelegen. Ein Aquarium – –

»Nicht Aquarium«, berichtigte er mich, »wir nennen es Ambiente: Das Parkgrundstück mit Wasserfront, eine einmalige Gelegenheit, – – Wohnen und Leben im ewigen Sommer!«

Letzteres hatten wir beide gemeinsam deklamiert, er und ich (und beide wirklich gleichzeitig), daraufhin sah er mich etwas befremdet an.

»Ja, werter Herr, es fehlen noch die Palmen«, sagte

ich, »die sich in der Ozeanbrise wiegen, wenn ich mich recht erinnere.«

Der Mann war an sich nicht besonders erwähnenswert, er war nicht deutlich, ein Knochenbau war möglicherweise vorhanden, aber an dem hing alles herunter, die Schultern, die Brust, die Backen. Er hatte aber, das muß ich zugeben, einen tadellosen dunklen Anzug an, mit weißen Nadelstreifen, wahrscheinlich hielt er das für honorig. Und die breiten Wülste vor den Ohren, die sollte man vielleicht erwähnen, dadurch hatte der ganze Mensch etwas Plattes, als ob ihm da jemand vorn aufs Gesicht getreten wäre.

»Wie machen Sie das?« wunderte ich mich, »so wie Sie aussehen, weiß ich wirklich nicht, wie Sie sich trauen!«

Das war ihm anscheinend nichts Neues.

»Herr«, sagte ich, »dieser Laguna Boulevard, oder wie Sie ihn nennen wollen, ist doch tiefer Sumpf!«

– – –

»Und dieser Corso hier vorne«, ich zeigte ihm, wo, »ist auch tiefer Sumpf! Und was Ihr Einkaufszentrum angeht und Ihr Ambiente – – –«, hier blickte er mich erwartungsvoll an, »es ist Sumpf! Tiefer Sumpf!«

– – –

»Herr«, rief ich aus, »in diesem Gelände wurde noch kein Spatenstich getan! Und wird auch nie getan werden!«

Er blickte mich erwartungsvoll, aber auch interessiert an – was ich nun wohl tun würde. Ich knallte ihm die Dokumente auf den Tisch:

»Hier haben Sie die ganze Schweinerei – – – und jetzt geben Sie mir mein Geld wieder!«

Er besah sich die Dokumente, und, ich will es jetzt nicht beschwören, aber ich glaubte eine Spur von Belustigung in sein Gesicht treten zu sehen, wie er die Papiere mit einer fast behaglichen Umständlichkeit hin- und herdrehte.

»Es ist doch alles ordnungsgemäß verbrieft«, sagte er, »und versiegelt.«

Fast gemütlich blickte er mich an:

»Dann ist doch alles in Ordnung.«

»Gar nichts ist in Ordnung!« brüllte ich.

»Soweit ich sehe«, sagte er ruhig, »ist alles bezahlt, alles in Ordnung, Sie können mit diesem sehr schönen Grundstück anstellen, was Sie wollen. Es gehört Ihnen!«

»Donnerwetter«, staunte ich, »wie machen Sie das eigentlich?«

*

Wie machte er das? Ich war doch bestimmt nicht der einzige, der ihm gerne den Schädel eingeschlagen hätte, da mußte es doch noch ganz andere Betroffene geben, die das schon längst hätten besorgen können. Ich verstand es nicht. Oder entging mir da ein Detail?

Zwei Tage später stieg ich in tiefen Gedanken die Treppen zum vierten Stock hinauf. Ach so, das habe ich vergessen: Es war endlich passiert, worauf jedermann schon lange gewartet hatte, der Fahrstuhl hatte nun doch seinen Geist aufgegeben; irgendwann im Laufe der Woche war er mit einem letzten Ruck aus den Gleisen gesprungen, saß da zwischen dem siebten und achten Stockwerk fest, so daß wir alle gezwungen waren, das Treppenhaus zu benutzen. Und das war nun allerdings ein ganz besonderes Kapitel, denn es war nicht nur schwarz vor Dreck, es war tiefschwarz und anscheinend seit Generationen nicht mehr betreten worden. Der Anstrich oder die Tapete oder was immer hing in Zotteln von der Wand herunter, war irgendwann einfach geteert worden. Roch auch so. Die eisernen Stufen schallten laut, so daß man genau hören konnte, ob oben oder unten jemand ging, schienen jedoch solide genug oder vermittelten jedenfalls, zusammen mit dem verschweißten Treppengeländer, den Eindruck einer mittelschweren Flußbrücke. Dazu gab es in jedem Stockwerk eine eiserne Tür, die nur mit einem langen hebelartigen Griff zu öffnen war. Keine Fenster, nur nackte Glühbirnen, je eine pro Treppenabsatz, direkt in die Decke eingeschraubt. Öffnete jemand die Tür, schloß er sie schnell wieder, wenn er etwas im Treppenhaus hörte. Es war besser, dort niemandem zu begegnen, so waren die Verhältnisse: Die Tür geht auf. Ich sage guten Morgen, buenos dias, schöner Tag, ein weißes Gesicht erstarrt zu Stein.

So stieg ich also die eiserne Treppe empor und dachte: Sollte es sein, daß ich hier einen wesentlichen Punkt übersehe, etwas, was jeder weiß, was ich aber nicht weiß. Protektion? Sollte der Mensch möglicherweise nur der Finger einer großen Hand sein, nein, dachte ich, so sieht er eigentlich nicht aus. Und dann hörte ich – als ich mit meinen Überlegungen aufwärts stieg –, wie von oben jemand herabkam. Ich pfiff mir ein Liedchen, damit der oben merkte, daß ich hier kam, und vielleicht sicherheitshalber doch noch verschwand. –

Auf halber Höhe begegneten wir uns. Ich erreichte soeben den zweiten Treppenabsatz, und da war er:

Kam schwammig herunter, mein Gott, Mr. Sunland, von vorne von der nackten Birne beleuchtet. Breit war er ja, aber eben auch völlig durchlässig, so wie er sein Fleisch schlenkerte. Diesmal nicht in Nadelstreifen, sondern im losen Hemd mit aufgedruckten Blumengirlanden, der Mann war im Augenblick geschäftlich nicht tätig. Und dann fiel mir auch noch auf (wieder einmal), daß er total entspannt war, so gar nicht ängstlich. Als ob er noch etwas in petto hätte. – –

Trotzdem ging es eigentlich ganz leicht, und ich muß sagen, er hatte selber schuld, er hätte mich eben nicht anstoßen dürfen. Kam da viel zu breit herunter, unterschätzte ganz offensichtlich meine Kompetenz – obwohl ich inzwischen befürchten muß, daß ich wohl eher *seine* unterschätzte.

So aber ging er mir einfach nicht genügend aus dem Wege, hatte seinen Ellenbogen zu weit draußen. Ich denke: Was ist das, der Kerl stößt mich auch noch an? Macht sich hier mausig, entschuldigt sich nicht mal. Also was soll ich sagen, ich fasse ihn im Umdrehen seitlich im Genick ...

Mit der Rechten im Genick.

So wie man ein Huhn anfaßt.

Ich frage mich heute noch, wie ich dazu kam. Habe den Kerl gepackt und runtergestaucht und dachte: Was, um Gottes willen, tue ich denn hier! Runter und mit dem Kopf durchs Geländer. Was? Sozusagen hineingerammt, es ging ganz leicht – er war ja nicht darauf vorbereitet und völlig aus dem Gleichgewicht – und komischerweise war das so effektvoll, daß er da mit dem Kopf zwischen den eisernen Holmen festsaß.

Es ging ja auch so schnell.

Folgende Situation: Der Mensch schreit wie am Spieß, wohl mehr aus Überraschung. Ich halte ihn noch fest, merke aber, daß ich ihn ebensogut loslassen kann, so wie ich ihn da hineinpraktiziert hatte, gab es kein Zurück, es muß – wenn ich darüber nachdenke – ein Zusammenspiel von höchst vertrackten Umständen gewesen sein: Der Abstand der eisernen Holmen, der gerade paßte, der unglückliche Schädelbau, der auch gerade paßte, und dann gab es wahrscheinlich noch irgendein idiotisches Drehmoment, das mit der Treppenneigung zusammenhängen mußte, mit dem Winkel – jedenfalls blickte er jetzt mit der Nase nach aufwärts und konnte nicht zurückdrehen, weil er sich sonst rückwärts nur noch mehr verklemmte, eine höchst komplizierte Lage, aber so war es eben: Raus konnte er nicht.

Nicht ohne Hilfe.

Und die bekam er nicht gerade von meiner Seite – ja, da kann ich auch einmal grausam sein.

*

Er hatte allerdings noch insofern Pech, als nun ausgerechnet an diesem Nachmittag der Fahrstuhl wieder in Betrieb genommen wurde – diese treue Seele hatte noch eine letzte Lebensspritze gekriegt, und wir alle waren sehr froh, ab drei Uhr wieder nobel in Mahagoni auf- und abzuschweben. Wen kümmerte da ein Dauerton vom Treppenhaus her.

Ein was?

Ein dünnes Geheul. Das ging hier niemanden etwas

an, und was soll ich sagen, ich selber hatte nach einiger Zeit das Gefühl, mit der Sache mehr oder weniger nichts zu tun zu haben; zumindest rührte sich bei mir bis zum Abend kaum ein nennbares Mitgefühl – und später eigentlich auch nicht. Ich aß eine Kleinigkeit unten im Comidas, und dann, als sich die Menge in der Flagler Street verlief, ging ich gemächlich zum Hotel zurück, verweilte ein wenig vor dieser oder jener Auslage. Angelgerät. Dressmans Spezialitäten. Gelbe Schlipse mit schwarzem Zentrum. Ich nahm den Fahrstuhl, der seidenweich anfuhr und nur ein einziges Mal ruckte. Oben in meiner Etage nahm ich eigentlich an, daß Ruhe herrschen würde, da doch inzwischen sicherlich jemand meinen Freund befreit hatte. – – – Aber da klang es durch die Wände.

Dünn, aber deutlich, und nicht eigentlich leise.

Offensichtlich brüllte der Mann aus Leibeskräften, nur war das Treppenhaus durch die feuersicheren Eisentüren einigermaßen abgeschirmt. Ich ging den Flur entlang, um die Ecke herum zu meinem Zimmer, und da war er immer noch zu hören, wenn auch nicht mehr so deutlich wegen des Schallknicks. Also, es ging den ganzen Abend so weiter. Er brüllte nicht dauernd, aber in gewissen Abständen immer wieder, und dann wurde er auch noch heiser, da war es mehr ein Geräusch, wie das Scharren an der Wand. Doch bis zum Morgen mußte er irgendwie seine Stimme wiedergefunden haben.

Als ich aufwachte, dachte ich erst, es sei etwas in der Wasserleitung, bis es mir wieder einfiel, o mein Gott, wobei man sich wirklich wundern mußte, daß sich hier keine einzige hilfreiche Hand regte, aber dann wiederum: Ich hatte es selbst erlebt, wie ein alter spanischer Herr von einem Halbwüchsigen halb zu Tode geprügelt wurde; ich war im falschen Stockwerk ausgestiegen und hörte seltsam würgende Laute, aber wieso war ich der einzige, der das wahrnahm? Mindestens vier oder fünf Leute waren auf dem Flur damit beschäftigt, ihre Zigaretten zu rauchen. Der Bursche hatte es noch nicht einmal für nötig befunden, die Tür ganz zu schließen: Der alte Mann, in Hosenträgern und grauem Unterhemd, lag auf dem Fußboden, hielt sich die Seite, sabberte, während sein kleiner Peiniger ihn mit der Schuhspitze in die Nieren stieß. Nachher kam er mit zwei Geldscheinen in der Hand heraus, sah uns an, steckte die Geldscheine weg. Wäre übrigens kaum nötig gewesen, denn niemand interessierte sich hier dafür. Vielleicht war er sogar im Recht, wer weiß?

Verhaftungen, Suizide, Hotelbrände, die im rechten Flügel gelöscht wurden, während im linken alles schlief. Und wie war es mit dem Dauermartyrium der Dame direkt über mir? Das war dann gar keines, sondern eine restlos glückliche Ehe, was hätte ich mich da einmischen sollen, besser man sah zu, daß man keine Probleme bekam, Mann. Und was Mr. Sunland anging, da hatte jemand auch noch das Licht im Treppenhaus ausgeknipst, so daß er im Dunkeln saß; da durfte er sich nicht wundern, ja, tut mir leid. Wie mag er sich gefühlt haben, wie der eingemauerte Thomas Burke, vierzig Jahre lang Nacht?

– – –

Ich will mich kurz fassen. Es dauerte vierunddreißig Stunden, bis sich jemand fand, der ihn aus seiner Lage befreite. Es müssen, meiner Ansicht nach, sogar zwei gewesen sein, denn so einfach war das nicht. Und es war nachts um zwölf. Ich glaube, es ist den Leuten einfach lästig geworden, sich ununterbrochen dieses Gebrüll anhören zu müssen, die ganze Nacht über.

Die Leute hatten einfach nicht schlafen können.

*

Und nun kommt der Trick. – Ich hatte am Abend ziemlich lange unten an der Bar ein Bier nach dem anderen getrunken, hauptsächlich um mich vom Ort des Geschehens fernzuhalten und um eine gewisse Schwere zu erlangen, angesichts der kommenden Nacht. Möchte aber ausdrücklich betonen, daß ich nicht sooo schwer geladen hatte – – es war keine Halluzination, ich schwöre es.

Trete also nichtsahnend aus dem Fahrstuhl; es war inzwischen zwölf geworden, die Stunde der Geister, da öffnet sich am Ende des Ganges die eiserne Tür, und herein quillt ein heller Haufen, fünf, sechs, sieben Leute, die jemanden tragen. Jemanden, der sichtlich schwer ist und vor sich hin lamentiert. Das Hemd mit den schönen Blumengirlanden haben sie ihm halb vom Leibe gerissen, ein Ärmel fehlt, und die braunrote Verfärbung am Hals stammt offenbar von einem rostigen Eisengeländer, oder was das ist.

Wie aber die ganze Prozession an mir vorbeizieht, da sehe ich die Tätowierung. Hoch oben am Arm, ich schwöre es, der Hemdsärmel war gerade so weit abgerissen, daß die rote und blaue Schrift freilag. Ganz deutlich mit dem im Bogen herumgezogenen D.

DEATHDEALER.

Inzwischen blabberte der Mensch vor sich hin und erzählte die fürchterlichsten Geschichten, die keiner hören wollte, die Leute hatten genug damit zu tun, das Schwergewicht fortzuschaffen, und geschlafen hatten sie auch noch nicht bei dieser fortwährenden Störung. Mich beachtete hier sowieso niemand. Eines nur erschien mir merkwürdig: Daß ich so gar kein bißchen erstaunt war, nein, eigentlich gar nicht, ganz selbstverständlich fügte sich das alles und ergab noch nachträglich einen Sinn, das auch noch.

Ein leiser Schauer vielleicht – – also ein leiser Schauer ist mir dann doch den Rücken hinuntergelaufen.

*

Das war der zweite, dem war es schlecht ergangen – und so, wie die Sache hier angelegt war, würde es dem dritten noch schlechter gehen, sagte ich mir. Wir werden sehen.

Zunächst bekam ich aber an diesem Morgen mein Frühstück auf Englisch. Coffee, ham and eggs, in einer Minute heiß auf den Tisch (in englischer Sprache). Ich war selber erstaunt, anscheinend hatte sich meine Stellung über Nacht geändert. Mir war schon beim Eintreten aufgefallen, wie das Gespräch erlahmte, wie ich hier auf unerklärliche Weise auf einem Stuhl zu sitzen kam, der von Rechts wegen eigentlich dem Mann mit dem hellblauen Anzug zustand. Der wiederum jetzt zwei Stühle weiter unten zu sehen war, während mein Nachbar mit dem gefärbten Schnurrbart überhaupt ganz zu stehen kam. Ich will jetzt hier keine Mystik verbreiten, man muß sich das Ganze fließend vorstellen, ein leiser Anstoß genügte eben. Es erhob sich nur die Frage, was für ein Anstoß?

Ich fragte: »Coffee?«

»Yessir!«

Ich fragte: »Ham'n eggs?«

»Coming right up!«

Erstaunlich.

Ich hatte noch »another helping«, blickte mich um, und aller Augen waren auf mich gerichtet. Ob es mir auch schmeckt, ob ich gut saß. Ich saß gut, und zwar neben dem leeren Sitz, der immer noch leer war und der mit seinem roten Lederpolster wie ein Affenarsch leuchtete – ich weiß nicht, ob ich da zu weit gegangen bin, jedenfalls habe ich meine Jacke abgelegt. Auf den Sitz.

Tiefes Schweigen.

Nun bin ich ja kein Idiot, natürlich hatte ich längst mitgekriegt, was es mit dem ominösen Stuhl für eine Bewandtnis hatte. Da saß der Killer Bag. Das heißt, da saß er nicht, denn er war nach Detroit ausgeliehen, wo er angeblich für eine ganz große Nummer arbeitete. Und Killer – – also Killer war natürlich ganz unmöglich, das Wort hätte hier kein Mensch in den Mund genommen, sagen wir einmal, er kümmerte sich um gewisse Leute, die gewissen anderen Leuten im Wege waren, und auch das würde hier niemand laut sagen. Feststand – ich meine, man hörte im Laufe der Zeit alles mögliche –, feststand, daß dieser Bag selber eine große Nummer war und gleich nach dem Chef kam, und den hatte hier sowieso noch niemand zu Gesicht bekommen, so hoch stand nun wiederum dieser.

Und um darauf zurückzukommen, meine Jacke hätte ich vielleicht doch lieber nicht auf den Sitz legen sollen. Vorläufig geschah aber etwas Seltsames: Ich bekam in den nächsten Tagen zwei Kunden, um die ich mich gar nicht bemüht hatte – sie drängten sich mir geradezu auf, und sie wollten beide genau dasselbe von mir, nämlich einen gewissen Soundso und einen anderen gewissen Soundso ausfindig zu machen, weil diese Geld schuldig waren. Ich fand den einen gleich nebenan in einem Kino, den anderen am Ende der Stadt, wo ich aber bequem mit dem Bus hinfahren konnte. Ich sagte den Leuten, daß sie Geld zu zahlen hätten, und daraufhin zahlten sie, ohne mit der Wimper zu zucken. Erstaunlich.

Genauer gesagt, es waren zweieinhalb Kunden. Der Halbe führte mich gleich direkt zu dem Mann, den ich zu suchen hatte, darauf sagte ich zu diesem, er solle das Geld zahlen, und der machte sich sogar noch zusätzlich in die Hosen. Sehr befriedigend schien mir meine Tätigkeit nicht. Was hatte ich eingenommen? Es waren zwölfhundert, aber wo blieb mein Berufsethos.

Bis eines Morgens dieses Rattengesicht zur Tür hereinkam. Ich hatte gleich ein so ungutes Gefühl, nicht daß ich den Finger hätte drauflegen können, denn diese schäbige Figur, die sich da hereindrehte, war eigentlich gar keine Beachtung wert. War nicht einmal schäbig genug, mit dem offenbar nagelneuen Anzug – also ich weiß nicht, was es war.

Winkte sich den Barmann heran, und zwar so auf die Seite, so daß man kein Wort verstehen konnte, redete auf den Mann ein. Auch nicht zu verstehen. Ich wandte mich an meinen Nachbarn – ich glaube, es war Eidechsenhemd.

»Das ist Stinker Schulzky«, erklärte der mir, »der Laufbursche vom Boß.«

»Stinker?«

»Ich kann mich auch irren.«

Also das war interessant, sein Name war Stinker, aber man konnte sich auch irren. Offenbar war es etwas ungeheuer Wichtiges, was er auszurichten hatte, und täuschte ich mich, oder sah er ein paarmal zu mir herüber – ich weiß, ich entwickele hier eine völlig unbegründete Abneigung –, lehnte da mies und krumm über der Theke, besonders gut gewaschen sah er auch nicht aus. Und als er schon längst durch die Drehtür abgeschoben war, hing immer noch eine Art graue Spur in der Luft.

Und doch nicht ganz unbegründet. Denn nun kam der Barmann herüber und wischte vor mir die Tischplatte ab – das hatte er sonst nie getan –, beugte sich vor, um mir eine offenbar gute Nachricht zukommen zu lassen.

»Don Rosa will Sie sehen.«

Oho, dachte ich, das ist allerdings eine gute Nachricht, endlich kriege ich die großen Klienten. Ich fragte:

»Und weshalb will er mich sprechen?«

»Er will Sie nicht sprechen.«

– – –

»Er will Sie nur sehen«, sagte der Mann vorsichtig, »er will den Mann sehen, der den kleinen Bruder von Bag – –«

»Den kleinen Bruder?«

»Ja. Er will den Mann sehen, der den Bruder von Bag durchs Geländer gesteckt hat.«

»Wen?«

»Den Marko.«

Ich hatte das Gefühl, in einen Schacht zu fallen. Was war das! Da hatte jemand wen – den Marko? Ich hatte doch geahnt, daß der Kerl noch was in petto hatte. Das war ja nicht auszudenken, mein Gott, ich hatte mich am Marko vergriffen; so wie ich hier saß, so wie ich hier mein Rührei aß und meinen Kaffee trank, war ich zu einer Attraktion geworden und wußte es nicht einmal. Wahrscheinlich schlossen sie jetzt schon Wetten auf mich ab.

Wie!

Ich blickte in die Runde, ein Todgeweihter, und da saßen sie alle und starrten mich an, aber ich glaube, sie starrten gar nicht auf mich, sondern auf die gottverdammt beste Show, die hier demnächst stattfinden würde. Und wenn mich nicht alles täuschte, hatten die Brüder noch was in petto für mich. Was! Bag war bereits im Anmarsch, kein Zweifel, ich konnte es auf jedem dieser gottverdammten Gesichter lesen. Die Nachricht war schnell gereist, und nun war sie eingetroffen.

»Also gut«, sagte ich, »ich habe begriffen, Don Rosa will mich sehen.«

Der Barmann nickte mit schwerer Bedeutung.

»Und wenn er mich gesehen hat«, sagte ich, »was meinen Sie, was wird er anlegen, wieviel wird er auf mich setzen?«

Der Mann grinste.

*

Ich hätte nie geglaubt, daß ich so schnell meine Koffer packen könnte. Nur war es mir nicht möglich, den doppelt dickgewebten Plaidmantel zu finden, später fiel mir dann ein, daß ich ihn zum Abdichten der Klimabox im Fenster benutzt hatte, die nicht funktionierte, aber da war es schon zu spät. Ich meine, zu spät für alles.

So sah man mich zu früher Stunde – die Sonne färbte soeben die tropisch weißen Turmbauten in ein erwartungsvolles Rosa – mit zwei Koffern ziemlich schnell über die Flagler Street gehen. Vor den schon geöffneten Bars hing der Kaffeeduft, jedermann ging zur Arbeit, ein schöner Tag kündigte sich an. Nein, nicht zu schnell, nicht wie jemand, der seine Rechnung nicht bezahlt hat, ich habe mich nur ein bißchen beeilt, das will ich zugeben. – –

»Die nächste Maschine?«

»Die allernächste.«

»Wohin?«

»Egal wohin«, sagte ich zu dem kleinen bitteren Mann, den ich an dem dreißig Meter langen Schaltertisch der »Caribe Air« vorgefunden hatte, und er blickte beleidigt auf seine Anzeigetafel, er trug ein Strichbärtchen, seine Gesichtsfarbe war dunkelgrau, und er hatte etwas gegen mich.

»Neun Uhr fünfundvierzig nach San Salvador.«

Wohin?

»Na ja«, sagte ich, »und die nächste danach?«

»Zehn Uhr dreißig nach Managua«, erklärte er beleidigt und für den Fall, daß ich es nicht wissen sollte (ich wußte es tatsächlich nicht), »Nicaragua.«

Wo?

Nicaragua.

»Na ja«, sagte ich, »ein bißchen wollte ich eigentlich noch am Leben bleiben, was haben Sie denn noch anzubieten?« Jetzt war er aber ernsthaft beleidigt und betrachtete seine Anzeigetafel mit großer Bitterkeit.

»Zwölf Uhr vierzig nach San José, zwei Uhr zehn ...«

»Halt, Mann«, rief ich aus, »was war das!«

»Zwei Uhr zehn ...«

»Nein, die andere, Mann, die andere!«

»San José, Costa Rica.«

»Mann«, rief ich aus, »das ist es. Sie haben es getroffen, das ist es, wo ich hinwill!«

Costa Rica!

Aber ganz gutmachen konnte ich den Schaden doch nicht mehr.

4

Das Überlebensmesser, survival knife, war zum Stechen, Schneiden, Hacken und Sägen (mit dem gezahnten Rücken) gleichermaßen geeignet. Im Griff war eine Nylonschnur mit Fischhaken untergebracht, im Schraubverschluß ein Kompaß. Die Hängematte ließ sich auf die Größe einer Zigarettenschachtel zusammenpressen, und mit dem Hut konnte man Wasser schöpfen. Außerdem – auf die Gefahr hin, mich lächerlich zu machen – trug ich schlangenbißsichere Gamaschen. Auf einer Karte von Costa Rica hatte ich meine Reiseroute eingetragen, die aber, falls sie in falsche Hände geraten sollte, nicht allein falsch war, sondern die ganze Karte war falsch; zu meinem Erstaunen mußte ich später feststellen, daß sie in keiner Weise stimmte, die Flüsse liefen alle in die falsche Richtung, und die Ortschaften lagen einfach irgendwo, außerdem gab es die meisten gar nicht. Diese Karte hätte einige Verwirrung stiften können.

Was sonst noch zum Überleben im Busch?

Eine Büchse Dr. Prem's gegen Moskitos, Pilzkrankheiten, Stechwurmbefall etc., die dunkle Paste eignete sich auch zur Gesichtstarnung, und wenn mich nicht alles täuschte, konnte man damit sogar Haare entfernen.

Was sonst?

Meine 357er Smith & Wesson und die 45er Loyola Automatik mit reichlich Munition, die hatte ich glücklich durch den Zoll gebracht. Und das Gewehr – das allerdings war erstaunlich –, das hatte ich mir einfach umgehängt, und den Hut, mit dem man Wasser schöpfen konnte, hatte ich aufgesetzt. Ziel der Reise: das Innerste der Dschungel Zentralamerikas, und der Zweck: unter unglaublichen Strapazen das begehrte Edelholz Coïmbra aufzuspüren.

*

Der Taxifahrer hatte da aber offenbar seine eigenen Vorstellungen. Denn nach einer halbstündigen Fahrt durch vollgepackte Marktplätze, schachtartige Straßen, durch eine hämmernde Musik, die alle zwanzig Schritt aus einem anderen Café Central herausfeuerte, fuhr er mich plötzlich einen noblen stillen Hügel hinauf. Ich denke noch, was will er denn hier, das ist doch sicherlich ganz privat. Geradezu kaiserlich privat, allein die Auffahrt stellte nach meiner Schätzung den Gegenwert von glatt einer Million dar; steingrün glasiert, gerahmt von mindestens zwanzig verschiedenen Palmenarten – eine aristokratischer als die andere –, nie gesehene Schuppen und Wedel, die sich hier in das Blau eines privaten Himmels breiteten.

»Das Hotel Irazú!«

Es war vollkommen klar, daß ich mir das nicht leisten konnte. Aber die Vorhalle war schön, sie war total lichtblau verspiegelt, und selbst hier im Inneren wuchs eine üppige Vegetation nie gesehener Schuppen- und Wedelpalmen durch Öffnungen in der Decke, die sich auch noch lichtblau spiegelten, und das alles für drei Gäste im Sessel. Anfangs hatte ich es nicht genau ausmachen können, ein irgendwie atmosphärisches Raunen, eine Art aus den Wänden säuselndes Klima – bis es sich dann als unerhört leise und ausgesuchte Lufthafenmusik erwies. Probeweise setzte ich mich dann als vierter Gast in eines der übergroßen weißen Polstermöbel und bekam ein langes grünes Getränk in die Hand. Das war hier natürlich nicht zu machen. Die Nacht würde sicherlich soviel wie eine Zahnarztrechnung kosten, und Costa Rica hatte ich mir auch anders vorgestellt. –

Nach einer Woche saß ich immer noch in dem Sessel, immer noch mit dem langen grünen Getränk. Ich nannte den Barmann beim Vornamen, Freddy, ich wechselte dreimal am Tage den hoteleigenen Bademantel, weiß und kokosbraun, ließ mir spätabends noch einen Periña bringen, fuhr Go-Cart, nahm Kohlensäurebäder, fiel dem Oberkellner auf die Nerven, weil ich gebackene Kartoffeln wollte, und tanzte Chico-Chico im hoteleigenen Flamingo-Club. Das gute Leben hatte mich im Griff, es war entsetzlich. Abends, wenn die Sonne unterging, gab ich mir noch einen Tag und dann noch einen, es war eine beschämende Erfahrung, ich hatte mir auch noch ein halbes Dutzend Designer-Hemden im hoteleigenen Men's Shop gekauft. Vierzehn Tage, dann war das Geld alle, oder – das fiel nun gerade zusammen – bis Stinker Schulzky erschien, da war es zu Ende mit der Pracht.

Ich muß gestehen, ich hatte die Leute total vergessen. Nicht im Traum wäre ich auf die Idee gekommen, daß mich hier jemand finden könnte. Doch da geht eines schönen Tages die Tür auf (die große Kristalltür), und herein kommt dieses Rattengesicht, ich denke, den kennst du doch, wittert da gleich in die Ecken, den hast du doch schon einmal gesehen. Weißer Hut mit schwarzgemustertem Band. Von der Art, wie ihn Sydney Webster in »across Hundred-fifth Street« hatte, also, ganz sicher war ich meiner Sache nicht. Ich machte mich dann etwas klein in meinem Sessel, nicht, daß er mich gesehen hätte, dafür gab es kein Anzeichen, und ich verschmolz hier auch mit meinem langen grünen Drink mit der Umgebung, mein Designerhemd hatte ich auch an.

Zunächst blieb ich möglichst in meinem Zimmer, das einen absurden, dreieckigen Spiegel an der Längswand hatte. Oder aber, wenn ich in die Halle oder zur Bar ging, sondierte ich das Terrain sehr sorgfältig, machte mich praktisch unsichtbar, während ich meinerseits den Kerl beobachtete. Er brachte die unglaublichsten Weibsbilder an, die er mit Drinks traktierte und mit denen er Chico-Chico tanzte – Gesichter wie Schrammen und Hintern wie Expreßzüge, wahrscheinlich war es das, wofür er hergekommen war. Jetzt trug er einen weißen Anzug mit dünnen schwarzen Streifen, und das war gut so; immer wenn ich im Augenwinkel etwas Gestreiftes sah, konnte ich mich verdrücken – einmal war es dann eine Geburtstagstorte, die nach oben zu einer Party gebracht wurde, eine mit Borkenschokolade.

Und dann kam der Augenblick, da ich ihn ohne weißen Anzug und ohne weißen Hut sah. Ich verhandelte unten gerade wegen einer Abrechnung, die sie mir zum vierten Male präsentieren wollten (nein, nicht die Zahnarztrechnung, die sollte erst kommen), als plötzlich direkt neben mir jemand auftauchte, unrasiert und ungewaschen, mit total verquollenen Augen.

Ich hatte ihn nicht kommen sehen, aber er war sowieso nicht voll präsent, hatte es offensichtlich übertrieben mit seinen Weibsbildern, die er aus der Stadt mitbrachte, hoteleigen erschienen sie mir nicht. Und wie er sich nun über den Tisch lehnte, so richtig mies und krumm, und sein Maul öffnete, so daß ich zurückfuhr – ich weiß nicht, was er wollte, wahrscheinlich Aspirin –, da erkannte ich ihn auf einmal: Genauso mies und krumm hatte er sich über die Frühstückstheke gelehnt, genauso unrasiert. Die Zähne hatte er sich auch nicht geputzt.

Und wie es der Teufel will, muß er mich im selben Augenblick auch erkannt haben, eine lichte Sekunde in seinem Hirn. Glotzte mich aus seinen rotgeränderten Augen an: Dich kenn ich doch...

Aber vielleicht auch nicht.

»Du bist doch...«

»Und du bist Stinker Schulzky«, sagte ich, »das läßt sich kaum verleugnen.« Normalerweise bringe ich es den Leuten ja schonender bei, aber in diesem Fall war mir der Mann einfach zu nah dran, zu dicht auf dem Leib. Ich rückte ab, und was soll ich sagen, der rückte nach.

»Niemand nennt mich Stinker!«

»Also das ist interessant«, wunderte ich mich, »ich dachte, das sei dein Name, aber man kann sich ja auch mal irren.« Es war nicht zu sehen, wo er sein Ding hatte, seine Hand zuckte jedenfalls nach hinten – neuerdings stecken sie es sich ja ganz hinten in den Gürtel –, aber dann grinste er plötzlich. Oh, da glomm wohl ein listiges Licht auf, ich konnte förmlich sehen, wie es aufglomm. Er grinste und wandte sich ganz gemütlich zum Gehen, zeigte dabei die Beule hinten in der Hose – wahrscheinlich trug er es zwischen die Arschbacken geklemmt.

»Und ich weiß auch, wer dich schickt!«

Rief ich ihm nach.

*

Das hatte ich ja gründlich vermasselt. Er war natürlich von niemandem geschickt worden, hatte einfach Ferien machen wollen, in weißem Hut und weißem Anzug. Stinker Schulzky einmal im Jahr ganz groß. Und nun war er hier auf pay dirt gestoßen, auf blanken zahlenden Dreck, er konnte sowohl von mir als auch von einer gewissen anderen Partei kassieren, besser hätte er es gar nicht treffen können. Im Grunde war ich schon tot – und einen Augenblick lang durchzuckte mich der Gedanke, ihn hier einfach umzulegen, hinter den Bambusstauden zum Beispiel, im Pool oder auf seinem Zimmer im Bett, aber dann müßte ich auch noch das Zimmermädchen beseitigen, das gerade dazukommen würde. Das war auch kein Plan. Ich hätte ihn höchstens mit einem Leihwagen zusammenfahren können, auf einer seiner Exkursionen, und dann wäre sicherlich – so wie ich das übersah – eine seiner Schrammen aufgetaucht. Nein. Man sieht, moralische Bedenken hatte ich überhaupt keine, aber praktische.

Wie er mir immer wieder über den Weg lief! Mir von der Treppe oder vom Tisch her zuwinkte, den Telefonhörer bereits in der Hand! Das schien ihm große Freude zu bereiten. Einmal stieß ich im Fahrstuhl auf ihn, als ich nach oben fahren wollte – es war ein Scenic-Fahrstuhl, der uns durch die Wipfel in der Halle hob –, da lehnte er gelassen an der Glaswandung, Zahnstocher in der Schnauze, und blickte mich an. Und dann beim Aussteigen tat er etwas: Nahm den Zahnstocher langsam aus der Schnauze, ganz langsam, das hatte er wohl irgendwo einmal gesehen, nahm den Zahnstocher und zeigte damit wie mit einem Zeigefinger auf mich: die Todesanzeige.

Ich habe mich nicht lumpen lassen und ihm auch etwas gezeigt, die »Ragghia«, den Todeskuß (das macht man mit zwei Fingern in den Mundwinkeln), aber das konnte meine Stellung auch nicht verbessern. War wohl auch zu lahm ausgefallen, denn er wurde nicht mal weiß. So sah man mich denn wieder einmal am frühen Morgen mit zwei Koffern in der Hand die Treppe hinunterhasten, durch das Spiegelblau und an den kostspieligen Palmenarten vorbei, draußen herrschte noch halbe Nacht, und der Portier war auf seinem Stuhl eingeschlafen, aber fern am Horizont, in einem schmalen rot beleuchteten Streifen, da hoben sich dampfend – ich sah sie, wahrscheinlich waren es nur die Vorstädte, die da dampften, aber ich konnte sie sehen – die Dschungel Mittelamerikas. Und ich hatte ja auch noch eine Adresse.

*

Der Bus nach Limon. Jemand, der nicht darauf vorbereitet ist, wird nach fünf Stunden Warten denken, er mache etwas falsch, er macht aber gar nichts falsch. Ein elementares Erlebnis. Nach einem geheimen Fahrplan kommen Busse, gehen Busse, hierhin, dorthin, unberechenbar, seltsam, wunderbar. Es mag ein Muster geben, das man irgendwann zu erkennen glaubt. Und dann doch wieder nicht. – Ja, ich versichere, nicht zu weit zu gehen, hier eine Philosophie zu entwickeln, eine Limon-Bus-Lehre, man wird mich noch verstehen.

Aber der Reihe nach: Als ich mit einem dieser flinken gelbgrünen Tico-Taxis auf dem Busbahnhof in der Via General Porfuez ankam, schien sich dort die halbe Stadt versammelt zu haben, auf Leben und Tod. Es hupte, klingelte, pfiff, feuerte Salsamusik auf die Straße, vor dem radiodurchschüttelten Tickethäuschen stand eine lange Schlange, und die vier Abfahrrampen waren bereits mit spekulativen Fahrgästen besetzt. Auskunft gab es keine. Nur soviel, daß der Bus nach Limon an einer dieser vier Rampen halten würde, desgleichen aber auch der Bus nach Guápiles, der nach Cartago, nach Chirripó und der nach Siquirres. Auch der nach Turrialba. Nur, wer von ihnen wo, an welcher Rampe, wann und ob überhaupt an diesem Tage, das schien hier absoluter Spekulation zu unterliegen. Nirgends ein Hinweis. Keine Beschilderung. –

Nun war es immer noch früher Morgen, und meine Kräfte waren noch frisch, also überließ ich mich ganz meinem Gefühl und ging – also, ich ging zunächst auf die erste – – – dann aber doch lieber auf die zweite Rampe zu, wo eine Gruppe von zehn bis zwölf Leuten die Spitze hielt. Stellte mich in die Reihe hinter einen kleinen Mann mit Strohhut. Stand dort eine Weile und konzentrierte mich: Das war mein Platz.

»O. K.«, sagte ich zu dem kleinen Mann vor mir,

»welchen Bus werden wir hier kriegen, Limon oder nicht Limon?«

Er hatte die Augen zu mir hochgedreht und war offensichtlich von genau derselben Frage bewegt. Es war ein guter Morgen im Schatten des Quacuamoli-Baumes, die Luft noch frisch und der Himmel über dem gegenüberliegenden Amtsgebäude (das eine gußeiserne, von einem Deutschen entworfene Fassade hatte) tief blaugolden.

»O. K.«, sagte ich, »Warten auf den Bus von Limon ist ja wohl wie Warten auf Gott.« Sollte ein Spaß sein.

Der Mann hatte dunkle Eidotter als Augen, nicht von Hühnereiern, aber von irgendwelchen dunklen Vögeln; jedenfalls sahen sie aus, als ob man sie essen könnte. Es war jetzt sieben Uhr, und mit etwas Glück würde es einen Morgenbus nach Limon geben. Vor meinem Freund stand eine Gruppe von Schwarzen, das war immer ein gutes Zeichen, sie hatten auch zwei schwarze Babys. Und ganz vorne bildeten zwei Indios, offensichtlich Bauern mit Säcken, die Speerspitze. Und die machten auch einen kompetenten Eindruck.

»Ich will damit sagen«, erklärte ich meinem Freund, »daß die Chancen nicht so sehr günstig sind. Eins zu vier, wenn ich mich nicht irre.«

Wir hatten so viel Zeit, einen ganzen langen Tag, und ich hatte vor, unendlich weit auszuholen. Inzwischen wurde die Menge größer, Gepäckstücke wurden geworfen, kleine Kinder hochgehoben, ein Kranker aufgebahrt.

»Man sollte denken, es geht um Leben und Tod, wenn man das hier sieht – wer kann sich retten, wer steht auf dem richtigen Bahnsteig«, ich sah meinen

Freund an, »ein Spiel mit okkulten Chips. Instinkt? Nein, mein Lieber, fast Religion.«

Wobei ich wieder bei meiner Ausgangsthese angelangt war. Es war allerdings sehr gut möglich, daß der Mann überhaupt kein Wort verstand.

»Nehmen wir zum Beispiel diese Gruppe«, ich lenkte seine Aufmerksamkeit auf die erste Rampe hin, wo sich mehrere besser gekleidete, nichtsdestoweniger etwas billig aussehende Herren und Damen befanden, »dorthin würde ich mich auf keinen Fall stellen, von allen Möglichkeiten wäre diese die schlechteste. Schlechte Schwingungen.«

Billig war eigentlich nicht der richtige Ausdruck; die Herren sahen aus wie Zahnärzte, aber solche, zu denen ich überhaupt kein Vertrauen hätte.

»Man muß das Spiel mit leichter Hand spielen«, erklärte ich meinem Freund, »man muß ...«

Mein Freund war nicht mehr da.

Er war überhaupt nicht mehr da, er war zur Rampe drei gelaufen, wo in diesem Augenblick der Bus nach Limon die Tür öffnete und wo sich aus dem Nichts plötzlich ein ungeheurer Schwarm von Leuten drängte. Ich konnte meinen Freund, der das Spiel offenbar mit weitaus leichterer Hand zu spielen verstand, ziemlich dicht an der Tür erblicken. Brauche wohl nicht zu erwähnen, daß ich es nicht mehr schaffte, nicht einmal halbwegs. Der Bus war schon längst voll, als ich noch draußen gegen achtundzwanzig Bauern mit Säcken kämpfte. Konnte aber schließlich am Fenster meinen Freund erblicken, der mit seinen beiden Eidottern verständnisvoll auf mich herabsah, als der Bus abfuhr.

Ich stand dann wieder hinter meinen Schwarzen mit den Babys und beschloß, nie wieder in meinem Leben zu reden. Der Mann hatte sogar einen Fensterplatz bekommen.

*

In den nächsten zwei Stunden kamen die Busse nach Cartago, Siquirres und nach Guápiles. Der Schatten des Quacuamoli-Baumes war weggewandert. Die Sonne brannte jetzt stark, und ich hatte mir den Hut, mit dem man Wasser schöpfen kann, aufgesetzt. Trotz des ermüdenden Wartens befand ich mich doch in ständiger gespannter Bereitschaft, bereit zum Sprung, sobald auch nur eine Kühlerhaube hinter der Straßenecke sichtbar wurde. Es hatte sich jetzt ein völlig unbewegtes Staubplateau über dem Platz entwickelt, in dem die Sonne einen starken Blendeffekt bewirkte, so daß es schwer wurde, die Augen offenzuhalten. Ich hielt sie aber offen, es ging jetzt ums blanke Überleben. – Man fragt sich vielleicht, warum um Gottes willen ich denn kein Taxi genommen hatte: Weil niemand so wahnsinnig gewesen wäre, diese Strecke zu fahren. Leihautos? Gab es nicht, ich hätte allenfalls eines kaufen können. In diesem Bewußtsein hielt ich noch eine weitere Stunde durch, und dann kam der Bus nach Limon.

Ich sah ihn schon (erahnte ihn), als er knapp an der Ecke auftauchte, ein weiß-grüner mit einer großen entblößten Dame auf der Windschutzscheibe und rosa Fransen entlang der Seitenfenster. Ich blieb vollkommen ruhig. Hinter mir hatte sich inzwischen eine lange Schlange von zirka vierzig bis fünfzig Leuten gebildet, vor mir dagegen standen nur die standhaften acht vom frühen Morgen. Ich war deshalb fest entschlossen, meine Position zu halten und auf keinen Fall die Rampe zu wechseln. Und was soll ich sagen, der Bus, der Rampe vier ansteuerte – so daß bereits alles verloren war (das Leben, das Land, die Zukunft) –, beschrieb eine Schleife und kam rückwärts auf wunderbare Weise auf Rampe zwei zu, um dann direkt neben mir als metallwarmes Wunder zu halten. Es war elf Uhr vormittags, eine gute Abfahrzeit für Limon. Der Fahrer öffnete die Tür.

Nun war es nicht so, daß sich hier jedermann an die Reihenfolge hielt, genauer gesagt, jedermann preschte aus dem Stand auf die Tür zu, wo sich sofort ein steinharter, absolut unauflösbarer Knoten bildete. Ich selbst befand mich aber in strategisch günstiger Position und war nur durch einen einzigen Mann – der im Augenblick noch blockiert war – von der Eingangstür getrennt, und der würde hoffentlich gleich einsteigen. Im Augenblick immer noch blockiert, indem von der Seite jemand hereindrängte, aber dann... dann geschah das Unglaubliche, der Mensch stieg nicht ein. Der Mensch. Ich dachte: Warum steigt er denn nicht ein, was blockiert er mir den Weg, läßt hier andere Leute vor!

Ich dachte: Das ist ja unglaublich, warum tut er das.

Er ließ drei, vier Leute von der Seite vor. Ich versuchte, den Mann weiterzuschieben, drückte auf seinen Rücken, der Mann wich nicht. Ich knirschte, Mensch, Ola hombre, was steigste denn nicht ein, versuchte ihn wegzudrücken, trat ganz in ihn hinein, bis mir dann endlich klar würde: Der Mann wollte gar nicht einsteigen. Der wollte seine ganze Familie vorlassen, die von der Seite herangelaufen war.

Also, er hatte einen hassenswerten muskulösen Nacken, ein hassenswertes Hemd mit blauen und weißen Streifen – ich glaube, ich hatte in meinem ganzen Leben noch kein Hemd so sehr gehaßt –, und es dauerte eine Weile, weil ich so sehr mit meinem Abscheu beschäftigt war, bis mir mit einem Mal die Wahrheit aufdämmerte: Daß nämlich der Mann nicht nur seine ganze Familie vorließ, nein, auch alle seine Freunde, alle Bekannten! Das ganze Dorf!

Ich trat ihm von hinten auf die Schuhe, ich stand sozusagen auf seinen Schuhen, mit meinem ganzen Gewicht, es muß entsetzlich weh getan haben. Und der Mann hielt das aus. Er hielt das aus, bis alle Anverwandten versorgt waren, und dann...

Dann!

Stieg er ein. Nicht ohne mir noch einen verwundeten Blick zugeworfen zu haben. Anscheinend hatte ich doch nicht das richtige Verhältnis zu seiner Familie gehabt, ich hatte ja keinen Onkel und keine Tante mit den vielen Kindern und keine Cousins, die ihrerseits ihre sieben Kinder hatten. Aber ich will gerecht sein, insgesamt mochten es wohl doch nur fünf bis sechs Leute gewesen sein, die mir da zuvorgekommen waren, und ich hielt ja immer noch eine ausgezeichnete Position an der Spitze, war soeben im Begriff, die Einstiegsstufe zu nehmen. Als ich mich nun abermals blockiert sah, es ging nicht weiter. Es ging nicht, weil – was! Weil der Bus voll war.

Was!

Weil der Bus voll war.

Als ich mich, auf meiner Stufe stehend, umblickte, sah ich das Entsetzliche: Ich sah die Leute hinter mir durch die Fenster steigen. Vater, Mutter, sämtliches Gepäck, alles ging durch die Fenster. Beine, die in der Luft ruderten, Schuhe mit Sohlen und ohne Sohlen, ein entsetzlicher (tödlicher) Anblick. Damit hatte ich nun nicht mehr gerechnet. Die Leute, die Dorfbewohner hatten inzwischen die Fenster von innen geöffnet, so daß jedermann durch die rosa Fransen klettern konnte.

Als sich die Einstiegstür endlich schloß – saugend schloß –, stand ich, glaube ich, so ziemlich als einziger mit meinem Koffer draußen. Es mag noch drei, vier andere Kreaturen gegeben haben, die dieser Art Leben auch nicht gewachsen waren, jedenfalls standen wir dann als kleiner Haufen auf der Rampe und sahen dem weiß-grünen Bus mit der halbentblößten Dame nach, als er sich fröhlich rumpelnd um die Ecke herum auf die Straße nach Limon begab.

Ich schwor, daß ich mir von jetzt ab auch eine riesige (tödliche) Familie zulegen würde. Es war übrigens zwölf Uhr geworden. – – –

Die Sonne lag dann hart auf dem Boden. Es kamen Eisverkäufer, Limonadenverkäufer, »mentolitos, mentolitos«, ich hatte mich auf ein Mindestmaß an Lebensäußerung zurückgezogen, atmete nur ganz flach, während sich hinter mir erneut eine Menschenmenge ansammelte. Zwanzig, dreißig, vierzig Menschen. Es kamen die frühen Nachmittagsstunden, es kamen Busse nach Cartago, Guápiles, Siquirres, Busse nach Buffalo, Palasmina, Paquales, selbst ein Bus nach dem nie gehörten Tucurrique.

Ich behauptete mich gegen eine ständig wachsende Menschenmenge. Für alle Ewigkeit. Dann um drei Uhr kriegte ich meinen Bus – er kam auf Rampe eins, und ich bestieg ihn zusammen mit der Gruppe von Dentisten, die seit dem frühen Morgen dort warteten. Und auch nur, indem ich mich routiniert von der Seite her eindrängte, nicht achtend, daß mir jemand heftig auf den Schuhen stand, mir in die Rippen hieb und mit seinem Koffer mir den Kopf abzubrechen versuchte. Darauf konnte ich beim besten Willen keine Rücksicht nehmen. Ich blickte mich nur einmal verwundet um, als ich knapp durch die Tür war, und gewahrte hinter mir einen der Dentisten, der es leider nicht mehr geschafft hatte.

Übrigens konnte ich mich nicht erinnern, jemals zuvor ein solches Maß an Hochgefühl und vollkommenem Glück erfahren zu haben. Und man bedenke, es war nicht mehr als ein Quadratfuß Bus, den ich gewann, so relativ ist das Glück. – Während wir anfuhren, habe ich dann mit meinen (blauen) Augen auf den Dentisten zurückgeblickt.

5

Es sind Träume. Verschlüsselte Botschaften, Brotbäume, die Eingangspforten bilden, herabhängende Wasserschleier, so wie sie einmal – wie lange ist es her – ausgedacht wurden. Warme nahrhafte Luft, Nasenaffen, ein Geruch von Vanille und Raubkatze, alles das, und es stimmt wirklich. Dennoch, glaube ich, ist es an der Zeit, einen verständlichen geographischen Überblick zu geben. Jedermann, der Reiseprospekte liest, kennt die Straßenbahnverbindungen zu den Vorstädten Rio de Janeiros, oder zumindest kennt er die acht vornehmsten Hotels im mexikanischen Cancun. Aber Costa Rica? Ich hatte es für eine Insel gehalten.

Es liegt also auf dem schmalsten Part der Landbrücke zwischen den beiden Amerikas; schmaler ist nur noch Panama. Es hat zu beiden Seiten Ozeane, im Westen den Pazifischen Ozean und im Osten die Karibik. Es hat ein Rückgrat, das sich Cordilleras Central nennt und aus einer Reihe spitzer, teils noch tätiger Vulkane besteht, die sich dann, sieben an der Zahl, im Staatswappen Costa Ricas wiederfinden. San José, die Hauptstadt, liegt etwa in der Mitte, zu Füßen des Vulkans Irazú in einer hochangebrachten dunklen Schale, zirka zweitausend Meter hoch, und entsprechend ist das Klima mild-tropisch gemäßigt. Von hier aus geht es dann mit zunehmenden Temperaturen nach beiden Seiten abwärts, nach Westen zum Pazifik hin in ein relativ trockenes pampasartiges Gebiet, das sich am Ende tatsächlich Pampa Guanacaste nennt, wo inmitten von Weideflächen die riesigen Guanacasta-Bäume stehen, die mit ihren Blätterschirmen ganzen Rinderherden Mittagsschatten spenden. Ein schönes friedvolles Bild, das leider nicht ganz zutrifft, indem nämlich der zur Rinderherde gehörige Guanacaste-Mann im Ruf steht, ziemlich schnell mit dem Messer zur Hand zu sein. Und die Salsa, die spanisch-indianische Pfeffersoße, die spielen sie hier.

Während dagegen vom anderen, vom östlichen Teil des Landes viel dunklere, afrikanisch-karibische Töne heraufpochen. Hier senkt sich das Land von San José aus nach Osten in mehreren Klimastufen in eine dampfende grüne Dämmerung hinab, in der ganz unten eine geschweifte weiße Linie eingezeichnet ist: Der Korallenstrand von Limon. Ein berühmter Reisender, der am Ende wieder glücklich in die atembare Luft San Josés zurückgelangte, hat geschrieben: Er glaubte dort unten einer großen Gefahr entronnen zu sein! Ich will mich dem nicht anschließen, sondern Zuversicht zeigen, tatsächlich aber sehen die gekerbten, dicht bewachsenen Plateaustufen, die da eine nach der anderen abfallen, wie die Zahnreihen eines dunkelgrünen Rachens aus. Der einen spürbar böse anatmet.

Obwohl technisch kaum möglich, ist dort Anfang des Jahrhunderts eine Eisenbahnlinie hinuntergeführt worden – um den Preis von Zehntausenden von Todesopfern gebaut und doch nicht vollendet, bis man auf den Gedanken kam, Neger aus Jamaica zu holen. Diese überlebten Hitze, Schlangenbisse, Malaria und die Peitsche ihrer Aufseher und leben heute noch, in Limon. Eisenbahnfanatiker haben die Strecke zur viertschönsten der Welt erklärt, wegen ihrer atemberaubenden Hochkonstruktionen über Urwaldschluchten, über Wasserfälle und Vulkanspalten hinweg, in denen tief unten braune Schlangengruben dampfen. Krokodile? Krokodile auch.

Ich bin diese Strecke später einmal gefahren und kann das alles mit gutem Gewissen bestätigen; meist hatte ich allerdings die Augen geschlossen – wegen der Hochkonstruktionen. Außerdem ist der Zugverkehr nach Limon zu gewissen Jahreszeiten sowieso blokkiert, wenn der vom Regen angeschwollene Rio Reventazón die Ufer unterspült hat. Und wenn ich sage »Regen«, dann macht man sich wahrscheinlich falsche Vorstellungen, es ist ein massiver Ozean, der da dreimal am Tage herunterkommt. Und wieder verdampft. Eine der dreiundfünfzig Brücken ist dann immer abgebrochen, und die Lokomotive liegt unten in den angeschwollenen Fluten. Solche Notiz erscheint aber höchstens auf der vierten Seite der Tico-Times (die Frontseite wird von einem Bericht der jeweiligen Schönheitskonkurrenz eingenommen).

Soviel zur Eisenbahnverbindung. Parallel gibt es deshalb einen Bus, der auf Serpentinen oben über die Bergkämme fährt und statt der vierzehn Stunden Bahnfahrt nur vier Stunden benötigt, aber auch seine Eigenheiten hat. Wie sich zeigen wird.

*

Wenn der Fahrer den Starterknopf drückt, dann bricht im Verein mit dem Dröhnen des Diesels eine ungeheure Salsa herein, und ich bin tatsächlich sicher, daß es ein und derselbe Knopf ist, der beides auslöst. Der

Bus scheint dann nicht so sehr durch den Motor als durch die vertrackten Rhythmen der Radiostation vorangetrieben. Angefeuert, fuego fuego, von der Menge auf den Sitzen und beileibe nicht ganz gradlinig, denn der Fahrer, der ja auch nicht unempfänglich ist, handhabt das Lenkrad im Rhythmus. So geht es in schöner Schlangenfahrt in diese verrückte Tropenwelt hinein.

Ich sollte noch erwähnen, daß meine Abreise möglicherweise nicht ganz unbemerkt geblieben war. Zurückblickend sah ich da ein bekanntes Gesicht in der Menge; es ging viel zu schnell für mich, um sicher zu sein, aber im Blitz einer Sekunde glaubte ich unter einem (weißen, schwarzbebänderten) Hut – – wen zu erkennen? Ich kann mir nicht vorstellen, daß es Stinker Schulzky gewesen ist, denn wie sollte der mich gefunden haben. Nein, ich hatte mich getäuscht. Außerdem, wie hätte er mir folgen sollen, der Mensch, ohne Erfahrung, ohne Philsophie, ohne das rechte Verhältnis zu den Familien, den Dorfleuten – –

Anfangs saß ich ganz vorne, fast auf den Knien des Fahrers, aber schon nach dem ersten Stop in Villamosa wurde etwas Luft, so daß ich einen Platz weiter hinten bekam – ich habe nicht begriffen, wieso jemand, der den ganzen Tag auf den Bus wartete, nach zehn Minuten schon wieder ausstieg. Aber vielleicht hatte er gar nicht gewartet. Ich saß dann recht gut auf meinem Gepäck (man sitzt hier auf seinem Gepäck, wenn man es lieb hat), das Gewehr hatte ich gegen die Schulter meines Vordermannes gelehnt.

Wir passierten die Vorstädte von San José, sämtlich in Wellblech und bestückt mit ausladenden Reklameschildern: In Erdbeere und gelb für ein Textilhaus, in grün und himmelblau für einen chinesischen Take-away und in Erdbeere, gelb, grün und himmelblau für das Kino an der Ecke. An der Abzweigung nach Monte Verde stand ein gewaltiger lederfarbener Stier, in dem unten eine Tankstelle installiert war.

Natürlich gibt es in San José auch ernstzunehmende Niederlassungen, MacDonalds, Kentucky Frieds und Pizza Huts, alle mit den klassischen Dächern, gestreift oder steil oder mit dem klassischen Bogen. Und ich will nicht ungerecht sein, es gibt auch ein völlig überladenes Opernhaus, in dem bereits Klaus Kinski gesungen hat, eine sehr schöne spanische Barockkirche und zwei, drei überlange Bürotürme, die man so ziemlich von überall jeweils am Ende der Straße erblickt (America, America).

Über allem der dunkle Kegel des Irazú, und am Stadtausgang eine fünf Kilometer lange achtspurige Autobahn, die dann plötzlich im Sand endet. Das heißt, sie mündete in eine Anzahl von Schotterwegen, bei denen nicht so recht klar wurde, welcher als Fortsetzung in Frage kam. Es gab ein Bremsmanöver, ich stieß mit meinem Gewehr dem Vordermann den Hut herunter, und der setzte ihn sich ohne Beschwerde wieder auf.

Dann kam Land. Land, Hühner und Schweine. Es kamen die Zuckerrohrwiesen, die aussahen, als ob hier seit unendlichen Zeiten niemand mehr gemäht hatte, und es kamen Kaffeewäldchen, meist sehr hübsch auf bienenkorbartigen Hügeln plaziert – der Kaffee wächst am Boden, aber über sich braucht er kleine Wäldchen, die ihm Schatten geben.

Land und Leute, Schweine und Hühner. Und das galt ebenso für die Bevölkerung im Bus. Eine Frau, drei Reihen vor mir, hielt bei jedem Schlagloch ein glattes Ferkel in die Höhe, das gar nicht wußte, wie komfortabel es reiste. Eine Reihe vor mir über den Gang wurden Kinder gefüttert: Grüne Limonade, rotes Gelee aus Papiertüten, brauner klebriger Keks, Pflaumen, getrocknete Bananen, Bonbons aus Schweinehaut, mir kam da eine Ahnung, wohin das führen könnte. Die Bauern hinter mir, Gottseidank nicht direkt hinter mir, aßen ungeheure Mengen von in Blätter gewickelter Maispaste, dazu aßen sie rohe Pfefferschoten und tranken Coca-Cola. Wahrscheinlich warm.

Draußen ein idyllisches Plätzchen nach dem anderen. Hüttchen unter Blütenwogen, unter armdicken Wasserfällen. Kinder mit Resten von Strohhüten bekleidet. Stolze Herren auf Zwergpferden. Hübsche Frauen, Hühner und Schweine. Man fragte sich, warum man überhaupt weiterreiste.

Es kamen schwindelerregende Ausblicke auf tief unten liegende Zuckerrohrwiesen und Kaffeehügel. Auf Papaya- und Platanospflanzungen. Einmal wurde sogar die Eisenbahnlinie unten sichtbar, die ihrerseits wiederum schwindelerregend über eine dünne Eisenbahnbrücke lief. Hier oben dagegen, in den Straßenschleifen, standen Kürbisse, Tomatenstauden, Okrabäume. Und schwarz-weiße Kühe, die sich irgendwie aus Holstein hierher verirrt hatten. Ein landwirtschaftliches Potential, um dessentwillen sich aber bestimmt niemand umbrachte; die Häuser sahen alle aus, als ob sie nur für die nächsten drei Wochen gebaut waren, ein paar Bretter und eine darüberwachsende Bananenstaude, die mit ihren meterbreiten Blättern den Regen abhielt. Allerdings mit munterem Farbanstrich – in den wurde hier anscheinend heftig investiert –, wahre Paradiesvögel, die da an den Hängen klebten.

*

Es kam die Strecke, die wir alle in unseren schlimmen Träumen fürchten. Bevor es hinabgeht nach Turrialba, kommt noch ein atemberaubender Rundblick: Wir befanden uns hier am äußersten Rand des Plateaus, das nun über eine steile Stufe fast tausend Meter tief abfällt, und ganz unten sah man den weißen Haufen von Turrialba, der für uns Reisende Tortillas, Kaffee und halbe Wegstrecke bedeutete. Aber um dorthin zu gelangen, mußten wir hinab, und das bedeutete, daß der Busfahrer nunmehr die erste Kurve ansetzte, schnell, wendig und mit Fliehkraft. So weit, so gut.

Daraufhin nahm er die Gerade bis zur nächsten Kehre zügig und die Kehre selbst, diesmal nach links, sehr schnell, sehr wendig und mit großer Fliehkraft. Und man ahnt es, die Gerade zunehmend zügig und die nächste Kehre rechts ebenfalls zunehmend sehr sehr wendig, sehr sehr zügig und mit äußerst zunehmender Fliehkraft. Ich möchte vorausschicken, daß wir noch dreiundzwanzig Kehren vor uns hatten bis nach Turrialba hinab; es ist wohl die zügigste und wendigste Serpentinenstrecke Costa Ricas, wohl ganz Zentralamerikas. Ich weiß nicht, warum er das tat. Ich meine den Fahrer. Wenn er doch die Folgen genau kannte, die sich aus seiner Fahrweise ergaben – und er kannte sie sicherlich:

Es muß einen Grund geben, warum Kinder und Bauern auf die gleiche Weise reagieren. Ist es die Unberührtheit, die Natur, die ohne Umschweife eine direkte Antwort gibt? Jedenfalls so, wie den Kindern die rote und grüne Limonade aus dem Gesicht fiel, so den Bauern die Reis- und Maispaste. Als direkte Antwort auf alle Rechts- und Linkskehren. Die Kinder schienen zudem noch eine besondere Vorliebe zu haben, frei zu prusten, dünner und sprühender als Bauern, die ihrerseits erstaunt um sich blickten, als es losging, um dann sehr still den Kopf zwischen die Beine zu nehmen. Insofern ziehe ich die Bauern vor.

Um es kurz zu machen (ich sehe, es ist nötig), es kam der Ruf, den wir alle fürchteten: »Bolsa!!!«, der Ruf nach der Tüte, die dann sofort und für hiesige Verhältnisse blitzartig nach hinten gereicht wurde, wo eine riesige Landwirtschaft stattfand. Die Kinder sprühten derweil weiter vorne in Richtung Fahrer, aber das hatte er sich ja selber zuzuschreiben.

Nach etwa der zwanzigsten Kehre war jedermann erschöpft, grau und leer. Ich selbst war zwar unbehelligt geblieben, konnte mir aber gut vorstellen, daß ein unerfahrener Reisender – ich denke hier an potentielle Verfolger (ich denke immer daran) – zu diesem Zeitpunkt doch wohl aufgegeben hätte.

*

In Turrialba war dann alles wieder vergessen. Die Leute füllten sich in einem der drei Gasthäuser wieder auf – es war das zweite, vom Ortseingang gerechnet, wobei anscheinend höchste Politik im Spiel war (von der wir alle keine Ahnung haben), nämlich welches der drei Gasthäuser der Fahrer ansteuerte, diesmal das El Coco, welches also das Geschäft machte. Und als alle Kinder ihre Limonaden und Schweinebonbons hinter sich hatten, die Bauern ihre fetten Tortillas aus der Tüte und ihre warmen Seven Ups, und als alle aufgegessen hatten – ich hatte mir einen Basileo genehmigt, den ich für diese Reise empfehle –, stiegen wir nach einer halben Stunde in den inzwischen mit Feuerschläuchen durchgespülten Bus wieder ein. Alle fröhlich, alle aufgekratzt, der Fahrer drückte den Starterknopf – und die Salsa brach über uns herein.

*

Der zweite Teil der Reise verläuft dann in einem grünen Halbdunkel, denn jetzt geht es wirklich hinab.

Es geht hinab in den Regenwald Costa Ricas, jenes Meisterstück der Schöpfung, in dem – wie die Botaniker berechnet haben – auf einen Quadratkilometer zweihundert verschiedene Palmensorten kommen. Und das sind keine mickrigen Gewächse wie bei uns in den Promenaden, sondern das sind ganze Palmenhäuser, weite, bewedelte Gebäude, die oben noch kleine Tochterpalmen tragen, und es sind hochschäftige gefiederte Schönheiten mit geringelten Stämmen und in wunderbaren Farbschattierungen von Grünbrokat bis Purpur. –

Die Sonne stand jetzt so tief, daß wir hier unten schon fast im Dunkeln fuhren. Die Kinder lagen quer.

im Gang, die Bauern begannen zu schnarchen, und der Polizist vorne in der zweiten Reihe, der bisher seinen Gefangenen am Handgelenk hängen hatte – man konnte es jedesmal sehen, wenn er sich eine Zigarette ansteckte –, befestigte die Handschellen oben am Gepäcknetz, so daß sein Mann jetzt mit erhobenem Arm dasaß, während er selbst sich am Fenster zum Schlafen einrichtete.

So rüttelten wir mit Schlaglöchern und Salsa in eine schwarze Hitze hinein, die in zunehmendem Maße dicker wurde. Freunde, wenn es bisher noch nicht heiß genug gewesen war, jetzt wurde es heiß, und bei jedem Kilometer bergab wurde es heißer. Das war nicht die schöne trockene westliche Hitze – wenn die Zeitungen am Rande braun ansengen –, sondern eine ganz perfide gummiartige, die wie eine träge Flüssigkeit angeschwommen kam. Atmen? Man kann es versuchen! Und, Freunde, wer da meint, daß es schlimmer nicht kommen kann, der sollte daran denken, daß wir uns noch immer in halber Höhe oder nur wenig unterhalb befanden, wir werden zur Nacht noch den Boden erreichen!

Draußen war nicht mehr viel zu sehen, schwarze Wände. Die Scheinwerfer des Busses erfaßten manchmal einen Baum – man weiß, daß es ein Baum ist, erfaßt werden nur die Flügelwurzeln, aufrechtstehende schrundige Dreiecke in der Größenordnung von Flugzeugtragflächen, die den Stamm von den Seiten stützen; den dazugehörigen Baum kann man sich nur vorstellen. Das heißt, ein- oder zweimal war ich in der Lage, durch eine Lücke nach oben zu blicken, und dort in der oberen Etage – Wunder – war noch Licht, und die allerobersten Etagen standen als unerklärliches Traumbild sogar noch voll in der Sonne. – –

Schwärze, Hitze. Das Auf und Ab einer Ölleitung rechts neben der Straße. Wir tauchten jetzt in die langen Geraden ein, die in den Urwald geschnitten sind, kein Mensch, keine Bebauung, kein Zeichen irgendeiner Nutzung. Dann plötzlich eine Brücke – der Rio Reventazón –, wir fahren aus der einen Wand heraus, über ein Weißwasser, in die andere Wand wieder hinein.

Nach einer Stunde aussteigen. Der Bus mußte über Holzplanken seitlich um die Straße herumgeschoben werden, ein Baum war umgefallen – wahrscheinlich schon vor zwei Jahren. Dann wieder schwarze Nacht, Hitze, kein Haus, kein Zeichen eines Menschen, überhaupt kein Zeichen. Und dann ohne Übergang, grell herausgeschnitten, weißes Neonlicht, eine Bierreklame, Cerveza Bavaria, ein rosafarbener Flamingo über einer Eistüte, eine Bar mit beleuchteten Flaschenregalen unter langem Palmdach, Lauflichter, Girlanden, eine hölzerne Tanzplattform und ein einzelnes Paar, das sich nach einer für uns unhörbaren Salsa heftig schüttelnd bewegte. Wir hatten ja unsere eigene Salsa.

Ebenso grell wieder abgeschnitten. Schwärze.

Nach einer weiteren Stunde erreichten wir Limon, oder man konnte annehmen, daß es Limon war. Der Bus hielt einfach irgendwo, es waren ein paar Hauswände zu sehen, oder Hausrückwände, man denkt: Was hält er denn, aber dann steigt jedermann aus, die Bauern mit ihren Säcken, Kinder tragend – ich nehme an, daß sie noch in der Nacht mit anderen Bussen in noch ganz andere viel schwärzere Urwaldgebiete weiterfahren –, die Zahnärzte steigen aus, die Polizisten, die hübschen Damen. Selbst der dünne Mensch, der mich während der ganzen Fahrt mit seinem Knie gestoßen hatte.

So nahm ich mein Gepäck – ich wußte, daß ich völlig falsch angekommen war –, ging nach vorn zur Tür, überlegte noch, einen Fuß auf der Stufe, ob ich nicht besser umkehren sollte, und blickte einigermaßen müde über die wartende Menge. Und da – –

Ich hatte wirklich nicht mehr damit gerechnet.

Da stand sie.

6

Sie stand ganz vorne in der Menge, ganz in Front, hatte sich rechts und links und hinter sich Freiraum geschaffen, stand da imponierend auf ihren Säulenbeinen, die winzig aus den Schuhen kamen, und der Popo, auf dem das Kind sitzen konnte, war auch nicht zu übersehen.

Snakewoman.

Sie nahm mich in ihre Arme, und – – ich hatte es ja vorausgesehen, daß ich den gesamten feuerwehrroten Lippenstift ins Gesicht bekam, irgendwelche Vorsicht hätte sowieso nichts genutzt; so war ich froh, wenigstens keinen aufs Hemd zu bekommen. Sie blickte dabei hochelegant in die Menge, um ihren Besitzstand vorzuweisen. –

Ich hatte ihn übrigens doch am Hemdkragen, wie sich später herausstellte. –

Es standen drei von Snakewoman bestellte Taxis zur Verfügung, zwei wurden wieder fortgeschickt. Während wir mit dem dritten inmitten einer ungeheuren Staubwolke in das nächtliche Limon hineinstießen, das gleich hinter der nächsten Hausecke mit einem Verkehrschaos begann: Der Fahrer vollbrachte wahre Meisterleistungen, konnte es vermeiden, gleich auf Anhieb drei Leute zu überfahren, nahm ein metertiefes Schlagloch genau zwischen die Räder, und er äußerte sich auch entsprechend lobend über seinen Stil. »V'aputa!« Meiner Meinung nach fuhren wir mehrfach um denselben Block – ich konnte mich ja täuschen, da die Straßen hier alle gleich aussehen, dunkel und grell zugleich, voller Leute und angefüllt von einem stehenden Getöse; aber ich glaube, es war doch immer derselbe Block.

Ohne Übergang durchfuhren wir den stillen Bogen einer Uferstraße, wo sich hinter einer Mauer das Meer langsam bewegte, ein wunderbarer stiller Augenblick. Und dann, zweihundert Meter nördlich vom Gymnasium...

»Halt«, rief ich aus, »das kann ich: zweihundert Meter nördlich vom Gymnasium (wo ist Norden), fünfzig Meter rechts hinein (aber auch nicht richtig rechts), bis zur Ecke, die nicht bebaut ist...«

Was soll ich sagen, inzwischen war sie bebaut. Offenbar hatte sich da in aller Stille ein Häuschen niedergelassen mit Wellblechdach und sogar mit einer spitz in die Ecke hineinlaufenden Veranda, auf der die zum Haus gehörige Familie saß, während die Kinder auf der Straße im Sand spielten – wobei knapp vermieden wurde, drei von ihnen zu überfahren. Mit einer entsprechenden Bemerkung von seiten des Fahrers. »V'aputa!«

»V'aputa!« knirschte Snakewoman wegen der neuen Nachbarn.

»V'aputa!« Das letztere stammte von mir und sollte freudiges Erstaunen ausdrücken, dennoch heil angelangt zu sein. Snakewomans Haus saß da wie ein fröhlicher Papageienkäfig inmitten eines Aufruhrs von Kokospalmen, die nach allen Seiten auseinanderschossen und in gewaltiger Höhe zentnerweise Frucht trugen (ich habe mir sagen lassen, daß jede ihren Mann erschlägt). Mir zu Ehren waren Vorbereitungen getroffen worden, ich konnte das im Haus hängende Käfergift deutlich wahrnehmen. Die beiden von innen beleuchteten künstlichen Blumensträuße hingegen sowie der grüngoldene Tischspringbrunnen waren wohl ständige Einrichtung, als auch die Neonreklame an der Wand mit dem Herzen und dem Sektkelch und den laufenden Worten »I love you«. Das mußte sich nicht auf mich beziehen, in San José hatte ich noch ganz andere private City-Lights in den Fenstern erstrahlen sehen, auf- und abgehende Sonnen, flackernde Schnelläufer hin und her, rotbrennende grüne Moscheen – die Leute lieben die Neonlichter. »I love you.«

Während Snakewoman draußen mit den Nachbarn schimpfte, trug ich meine Koffer ins Haus, wo das Radio mir zu Ehren in voller Lautstärke hämmerte »...consega me una negra que tenga dinero«. Also, Geld hatte sie leider nicht gehabt, aber der Empfang war herzlich gewesen.

*

Die Nacht mit Snakewoman lief dann wieder einmal auf ein Mißverständnis hinaus; entweder hatte ich die falschen Vorstellungen von der Liebe, oder sie hatte die falschen – oder die richtigen. Sie hatte ein feuerwehrrotes Babydoll angelegt, unten mit Chromleisten, und als sie aus dem Bad kam, nahm sie mir definitiv den Atem. Sie hatte sogar Ohrringe in Chrom angelegt, und das Parfum war »tropic dreams«. Wer, frage ich, hätte Widerstand leisten sollen.

Ich jedenfalls wäre nicht auf den Gedanken gekommen. Mit einem letzten Blick auf die Welt, die ich zurückließ, den Tisch und den Stuhl und die Bambuswand mit dem silbernen Mond dahinter, begab ich mich in die gewaltige Umarmung. Woraufhin sofort von seiten Snakewomans in gesenkter Stimmlage ein heftiges Dröhnen hörbar wurde. Sie begann zu atmen.

Die Nacht mit Snakewoman.

Ein schwerer Traum, ein von schweren Gerüchen und schweren Lauten durchzogenes Gehäuse, in dem ich mich befand. Die Riesenkrabben, die vom Strand her heraufgewandert waren, klapperten beharrlich am Blechzaun, zwei miteinander konkurrierende Discos hämmerten von der linken und der rechten Straßenseite her in unser Schlafgemach herein, während im Nachbarhaus ein langanhaltender Streit begann, in dessen Verlauf bis zum Morgen offenbar die ganze Familie umgebracht wurde. Man darf sich diese Häuser nicht zu geschlossen vorstellen, eher offen, die Wände sind offen, das Dach ist offen aufgesetzt, selbst der Fußboden hat noch Luft nach unten hin.

Dazu das metallische Klicken der Webervögel.

Zwischendurch regnete es einmal heftig, und ich erschrak zu Tode, weil mir ein hundgroßer Käfer auf die Brust fiel; es war aber nur der Auffanglappen, der oben in einer Dachritze steckte und der, mit Wasser vollgesogen, zu schwer geworden war. Snakewoman schnarchte tief und in sehr tiefer Tonlage. Sie war unsichtbar in der Dunkelheit, ließ nur ihre Zähne sehen, wenn sie im Schlaf aus reinem Wohlbefinden den Mund aufmachte. Während ich selber einigermaßen sichtbar inmitten dieser Landschaft lag, inmitten der Berge, der Täler und der unerklärlichen Spalten, die immer da auftraten, wo man sie gar nicht vermutete. Zum Beispiel bildete Snakewomans massives Gesäß im Liegen – wenn sie auf dem Bauch lag – durch sein Eigengewicht nicht nur nach unten zwei tiefe Gesäßfalten, sondern auch noch zwei nach oben, zum Rücken hin. Ich versuchte einmal, meine Hand dazwischenzustecken, und saß dann fest, als Snakewoman mit einem explosionsartigen Laut aufwachte und wissen wollte, was los sei. Schließlich in die Küche wanderte, um zu trinken, um dann wieder drohend ihren Platz einzunehmen. Unerklärlich große Landschaften bildend, im Verein mit der Nachthitze den ganzen Raum ausfüllend. Dazu eine langsame Atemnot.

All das muß man sich aber verbrämt und mystifiziert durch die »tropischen Träume« vorstellen. Auch lag da ein leiser Glanz auf dem Hartholzboden, Widerschein der Mondsichel, und ich wollte gar nicht wissen, was da alles auf dem Boden herumlief. Draußen auf der Straße richtete man sich mit Stühlen zur Nacht ein. –

Kurz vor sechs wachte ich dann ganz trivial zwischen zwei – – ja doch, zwischen zwei Riesenschenkeln auf. Ich weiß es so genau, weil die Sonne in diesen Breiten immer genau um sechs aufgeht, sommers wie winters, mit einer ganz geringen Spielbreite. Jedenfalls gewann ich an dieser Stelle einen höchst interessanten Einblick, und wenn es bis dahin nicht so recht geklappt hatte – –

Dann klappte es jetzt wenigstens, Gott sei Dank.

*

Aber der Morgen mit Snakewoman, der war dann heiter. Die Schwüle war aufgesogen, nur der Boden roch noch etwas danach, ich hatte meinen Platz draußen im Garten in einem völlig zerpflückten Strohsessel und bekam dieses Frühstück, das nur in den Tropen möglich ist: Frisch angemachter Mangosaft, Eier mit Papaya und Pfeffer, Kokosmilch, Kaffee. Vor mir lagen Sonnenflecken in dem kleinen blauen Pool. Die Palmenwedel raschelten luxuriös, und der Kiss-marees gab seine hohen erotischen Vogelschreie von sich, am Morgen. Später am Tage würde das alles im Dunst kochen, aber jetzt zeigte Snakewoman ihr glückliches Gesicht – sie hatte sich in ein Tuch gewickelt, das, über der Brust zusammengeknotet, ihre schokoladenfarbenen Schultern freiließ, und dafür, für diese Schokolade, die nicht Milchschokolade, sondern die dunkle Sorte, Bitterschokolade, war, liebte ich sie. Am Morgen.

Das Tuch hatte übrigens einen Schlangenhautdruck: Schwarze Mamba. Snakewoman nahm mich an die Hand und ging mit mir zum Markt, um den Tagesbedarf einzukaufen. Er war eine Sehenswürdigkeit aus der spanischen Zeit mit ringförmig angelegten dunklen Hallen um einen offenen Platz herum, wo oben in dreihundert Jahre alten Stielpalmen, für die Welt unerreichbar, eine Nation von Faultieren wohnte. Während sich unten der Reichtum des Landes auf den Tischen häufte: Alle die schwerriechenden dicken, langen, krummen Knollen, die gestreiften Früchte, die dreieckigen Gurken, Kugelpilze, die wie Käse aussahen, haarige Nüsse, Landschafts- und Figurenkürbisse, rotgesprenkelte, weißgeäderte, schwarzglänzende

Wesen. Hier konnte man die vierzig Sorten frischen Pfeffers kaufen, die Eß-, Koch- und Gemüsebananen, die süßen Kartoffeln, die Mehlwurzeln, die Brotfrüchte. Alles das. Und alles auf einmal.

In den Hallen stank es fürchterlich. Snakewoman fragte mich, ob ich von dem Schwein wollte, ich erklärte: Lieber nicht. Ob ich von dem in Stücke gehackten Rindsbauch wollte, der mir auch nicht zusagte – sie kaufte dann von beidem. Und hier lagen die stolzen Fische, meterlange bewehrte Ritter der Karibik, die in Scheiben, gedrittelt und halbiert noch innerhalb der nächsten Stunde verkauft werden mußten, Kingfish, Red Snapper, Bonito, Marlin. Bei uns – ich meine in der richtigen Welt – hätte man dafür ein Vermögen auf den Tisch legen müssen.

Aber nun die tägliche Grundfrage: Wann, wieviel und welche Ananas.

»Willst du diese?« Snakewoman hielt ein orangegrünes Riesenexemplar in die Höhe.

»Diese sieht gut aus«, erklärte ich.

»Du kannst sie aber nicht vor morgen essen«, sie hielt ein zweites kleineres bräunliches in die Höhe, »diese ist besser für heute.«

»Dann nehmen wir diese.«

»Sie ist aber zu klein«, erklärte Snakewoman.

»Diese«, mischte sich dann der Händler ein, »ist besser in zwei Tagen.«

»Diese«, erklärte Snakewoman pompös, »ist gut für gestern.«

Der Händler zeigte auf die erste, hielt aber noch ein weiteres Exemplar hoch, das etwas mehr ins rotgrün ging, »diese ist für heute – –«

Also gut, wir einigten uns dann nach einer guten halben Stunde auf ein Exemplar, das oben mehr ins Gelbbraune und unten mehr ins Grünpurpurne ging, und nicht an diesem Stand, sondern an einem anderen weiter unten, nachdem wir vier Händler auf der Strecke gelassen hatten. Oder halt! Wir kauften die Ananas doch beim ersten, aber eine, die er erst von einem anderen, ich glaube, vom vierten, geholt hatte.

*

Der tägliche Gang zum Markt hatte aber noch eine andere wichtige Funktion: Hier liefen die Informationen ein, die Snakewoman aus für mich unübersichtlichen Quellen bezog. Vom Kellner im »Standard« etwa oder von einem zerlumpten Kerl, den ich schon fortjagen wollte, oder vom Leiter des Postamts.

Jedenfalls soviel konnte ich entnehmen, daß zur Zeit überall Ruhe herrschte. Keine besonderen Vorkommnisse in Turrialba, keine in Siquirres und keine im fernen San José, über die man sich hätte beunruhigen müssen: Kein Fremder, der in den Bus eingestiegen wäre. So endete der tägliche Gang jeweils friedlich im »Café Standard«, wo ich einen großen Rum zu mir nahm, Snakewoman nahm ein Orchideen-Getränk und blickte hoheitsvoll über die schwimmende Blume hinweg, und in dieser Weise ging es eine ganze Woche lang: Kein fremdes Taxi, kein Stinker Schulzky, kein Schwein (kein fremdes) auf der ganzen Strecke.

Dennoch, nach reiflicher Überlegung erschien es mir ratsam, mich für den Bedarfsfall etwas beweglicher zu machen. Ein Auto. Ein irgendwie beschaffenes Gefährt, teilte Snakewoman meinen Plan mit, und was soll ich sagen, sie besaß eines! Was? Jawohl, Snakewomans Auto: ein hellblauer Cadillac. Völlig von Riesenfarnen eingewachsen, stand er da unter einer Lage Wellblech direkt neben dem Haus, wenn auch in etwas angeschlagenem Zustand; sie hatte das Auto vor fünf Jahren auf einer Tombola (Waisen der Welt) gewonnen, hatte sich hineingesetzt, um nach zehn Minuten die Bremse mit dem Gaspedal zu verwechseln.

Also, letzteres war nicht mehr gut möglich, da das Auto keine Bremsen mehr hatte oder keine namhaften, jedenfalls bei fünf Bremsversuchen trat man viermal leer durch. Das Auto hatte einen ganzen Scheinwerfer, aber keine Rücklichter, es hatte einen nicht schließenden Gepäckdeckel, der bei jeder größeren Erschütterung hochkam und die Rücksicht verdeckte (die Feder war noch vorhanden), und das Lenkrad hatte beträchtliches Spiel. Aber das Nummernschild war phantastisch, hellgrün mit gelben Nummern und blauer Schrift: Costa Rica C. A., ein Traum.

Konvertierbares Dach, die Sitze waren türkisfarbenes Chromleder, soviel konnte man noch erkennen. Nachdem ich Haltekabel für die Windschutzscheibe befestigt und mit vorsichtiger Dosierung von Äther direkt in den Vergaser den Motor schließlich unter einigen Explosionen gestartet hatte, fuhr ich auf die Straße hinaus und direkt in das Sitzarrangement der Familie von gegenüber hinein. Die Bremsen antworteten nach dem elften Durchtreten.

Aber dann mit Snakewoman auf der Sitzbank hingebreitet, das Autoradio auf Überstärke gestellt, rollte ich die Uferpromenade entlang und hatte ungefähr das Gefühl (was Farbe und Ausdehnung betraf), einen mäßig gewarteten Swimmingpool zu steuern.

Allerdings hätte mir jemand mitteilen müssen, wo in Limon die Einbahnstraßen verlaufen – und die mannstiefen Schlaglöcher, die einem ohne weiteres beide Achsen wegbrachen, die hätten an sich auch zur Ortskenntnis gehört. So sah man mich ins innerste Zentrum einfahren – – und als ich nach drei Stunden wieder herauskam, mit Snakewoman immer noch elegant hingebreitet, schwor ich mir, es nie wieder zu tun.

Ergebnis: Nach ein paar Tagen fuhr ich wie ein Macho. Steuerrad mit dem Knie haltend, linker Arm draußen, rechten auf der Sitzlehne, Schlaglöcher zwischen die Räder nehmend, Kurven im Powerslide, und die Brücke hinter Portete, die auf Bohlen in Radbreite (mit nichts dazwischen) zu nehmen ist, die nahm ich in einem Anlauf. Einmal war ich sogar in der Lage, einem Taxifahrer, der seinen Hintern nicht schnell genug hochbekam, die Vorfahrt zu nehmen, um dann auf der gesamten Siquirres-Strecke, welche Schwierigkeitsgrad A hat und landkartenartig mit Schlaglöchern übersät ist, vorne zu bleiben. Von da ab nahm man mich ernst.

*

Es war, wenn ich es mir recht überlegte, ein Paradies, das sich hier auf eine nicht vorhergesehene Weise offenbarte. Die Zutaten waren alle vorhanden, die kostbaren Palmwedel im Garten, die luxuriös herabhängenden Schleierfarne, die Orchideen, die gelben und goldgrünen Lackstämme. Und die Vögel darin, kleine Seidenkolibris, Girlandensegler, Sergeanten mit roten Aufschlägen, und von Zeit zu Zeit ein Pinseläffchen, das von draußen hereingeklettert kam.

Es war das Paradies. Bücher gab es keine, weil sie innerhalb einer einzigen Woche verschimmelten; dafür aber gab es die Novellas, sie begannen ab fünf Uhr mit »roja vida« und endeten nachts mit »el derecho de nacer«, und zwar mit täglichen Fortsetzungen, so daß Snakewoman, die sich auf das »Recht der Geburt« festgelegt hatte, nicht mit ins Kino gehen konnte – von denen es drei gab, eines ohne oder fast ohne Ton, eines mit Ton, aber ohne nennenswertes Bild und eines mit etwas Bild und etwas Ton. Ich bevorzugte das erstere, während Snakewoman auf keinen Fall versäumen durfte, wie der junge Herr das junge Fräulein verführte, in Wirklichkeit Tochter einer ehemaligen Sklavin, die den Vater des jungen Herren erpreßte, was dieser aber nicht wußte. Snakewoman wußte es. Oder anders ausgedrückt: Gelebt wird ab fünf Uhr, ab sieben Uhr oder ab neun Uhr. Der tropische Regen trommelt aufs Dach. Die Eisgetränke werden gemixt. Die Neonlichter gehen in den Fenstern auf und lassen die Sagopalmwedel und die Schleierfarne zu Plastik erstarren. In der einen Hand den Cuba Libre und in der anderen den Schenkel der Geliebten, das ist das rote Leben »rojo vida« oder ab sieben »el derecho de nacer«.

Noch ein Wort zum Regen: Der kam hier innerhalb von einer Stunde in einem solchen Ausmaß herunter, daß die Straßen sofort zu reißenden Flüssen wurden, demzufolge waren auch die Bordschwellen einen halben Meter hoch. Wenn aber nachts aus einem Traum heraus dieses Donnern auf dem Wellblech anschwillt, dieses ungeheure Dröhnen der herunterkommenden Wassermassen, dann gibt es nichts Schöneres, als darunterzuliegen – unter dem Dach. Später, wenn es draußen von den Blättern tropft, zieht dann ein grüner Geruch herein, ein dunkelgrüner Geruch mit einer mandelartigen Zutat.

Das Paradies.

Aber offenbar war es mir doch nicht beschert, denn gegen Ende der vierten Woche – ich erinnere mich genau, es war ein Freitag – platzte die Nachricht herein, daß ein Mann in San José eingetroffen sei, ein Mann, der Erkundigungen anstellte.

*

Am nächsten Morgen auf dem Markt gab es nähere Informationen, der Mann hatte sich offenbar nach mir erkundigt, das Irazú aufgesucht, um danach noch in mehreren anderen Hotels nachzuforschen. Die Quelle dafür waren ein fliegender Händler (für Chiclets, Mentolitos und Paß-Hüllen), der durch seine durchdringenden Hahnenschreie auffiel und der jetzt mit mir das Geschäft seines Lebens zu machen hoffte – seine Quellen wiederum waren ein Bellhop vom Talamanca und ein jugendlicher Dieb, der auf dem Mercado arbeitete. Eines wurde deutlich, der Mann hatte Eindruck hinterlassen, was sein Äußeres anging, denn alle Quellen waren sich in den Details einig: Sehr breit, dicker Hals, keine Haare und sehr teurer Anzug.

Doch ein Wort zum System, das nicht immer unbedingt gradlinig arbeitete: Ein Pumpmotor zum Beispiel, der in San José eingetroffen sein sollte, konnte sich unterwegs in eine Wagenladung T-Shirts verwandeln, und man war dann überrascht, wenn in Limon eine Rolle Weißblech eintraf.

So sagte ich mir, laß den Mann sich in San José betätigen, laß ihn jede Flohbude absuchen, meinen Aufenthaltsort findet er nie, sagte ich mir, ich sah den gummiartigen Verlauf, und fast tat mir der Mann schon leid.

Snakewoman war noch gelassener als ich. Sie hatte im Augenblick Probleme mit sich selbst, weil ihr eine nur zwei Monate alte »Ebony« untergekommen war, in der die schwarzen Fashion-Models alle unglaublich dünn waren und so kurze Haare hatten, daß sie wie angeklebt aussahen. So wollte sie auch aussehen.

»Weißt du«, sagte ich vorsichtig, »das wird vielleicht nicht ganz möglich sein.«

Sie betrachtete sich im Spiegel.

»Es ist möglich.«

Gut. An dieser Stelle wollte ich lieber nicht intervenieren; mir erschien Snakewomans Kosmetik sowieso als reines Mysterium. Zum Beispiel konnte sie, sagen wir, um sechs Uhr, kurz vor der großen Abendgesellschaft, wie eine soeben ausgegrabene Kartoffel aussehen und nach menschlichem Ermessen nicht mehr restaurabel. Und dann griff sie in ihren Kasten und war im Handumdrehen zu einer exotischen Schönheit erblüht, einer etwas sehr reifen meinetwegen, ich habe aber nie begriffen, wie sie das fertigbrachte. Offenbar gibt es eine ganz eigene Kosmetik für schwarze Damen mit ganz eigenen Regeln. Grelles Karminrot etwa, das jede Blondine zu einem unglücklichen Clown machen würde, erzeugt jenes tiefe Sonnenglühen, in Wirklichkeit ist es aber nur rote Farbe.

Die Industrie hat hier ein weites Feld entdeckt: Make-up in Antilope, Mahagoni, Brasil, Erdnuß, Puder in Tombak, Berglöwe, Kakaomilch und braunem Velvet. Und die Lippenstifte rangieren von Burgundy über Goldpurpur bis Shocking Pink, letzteres dünn aufgetragen als absolute Modefarbe für die schwarze Dame, die keine mehr sein will (keine schwarze).

Nun also wollte sie einen Afro, und den bekam sie angeblich nur in San José.

»Aber du hast doch einen«, sagte ich. Unter Afro verstand ich die dicke Wolle; Snakewoman dagegen verstand darunter die ganz kurze Wolle, dicht am Kopf.

»Die kannst du auch hier haben«, erklärte ich.

»Aber nicht mit einem Horn«, sie wollte den Afro vorne mit einem Horn, genauso wie die Mannequins aus dem »Ebony«, da war nun nichts zu machen.

*

Inzwischen trafen aber weitere Nachrichten aus San José ein. Im Hotel Amstel hatte jemand den Nachtportier über den Empfangstisch gezogen. Was war das? Hatte ihn an den Aufschlägen ergriffen und mit einer Hand über den Tisch gezogen – allem Anschein nach übertrieben, hörte sich aber trotzdem nicht gut an. Derselbe Mann, breit, dicker Hals, keine Haare, hatte einen anderen Portier hochgehoben, hinterher wieder hingesetzt und ihm das Steißbein gebrochen. Was für Gruselgeschichten erzählte man sich noch, Schweine mit zwei Köpfen? Nein, aber offenbar kam der Mann, der seine eigene Art hatte, Leute zu befragen, zu Resultaten, denn nicht lange danach war er auf dem Busbahnhof gesehen worden, wo er angeblich den Fahrkartenverkäufer hochgehoben hatte.

»Du kannst jetzt nicht nach San José fahren«, sagte ich zu Snakewoman, »nicht ausgerechnet in dem Moment, in dem man mir hier auf den Leib rückt. Was ist dir mehr wert, mein Leben oder dein Afro?«

Das war rein rhetorisch gemeint, sie bedachte es aber sehr sorgfältig – und nicht ohne eine gewisse angeborene Grausamkeit – und kam zu dem Schluß, daß sie ohne Afro nicht leben könne (dicht am Kopf und mit einem Horn). Sie versprach aber, am darauffolgenden Tag wieder zurück zu sein, außerdem könne es nichts schaden, wenn sie selber an Ort und Stelle Erkundigungen einzöge, womöglich sogar den Mann in Augenschein nähme, der im Irazú unter dem Namen Bag abgestiegen war. Mir leuchtete das ein.

Ich brachte Snakewoman morgens um sieben zum Bus, und der Fahrer, den wir befragten, bestätigte, ja, noch gestern abend habe er auf dem Busbahnhof in San José einen Koloß von einem Gringo gesehen, der die Leute hochhob.

Ich hielt das für etwas übertrieben; wahrscheinlich wurde hier ein Ereignis auf das andere projiziert. Außerdem der Busbahnhof: Meiner Erfahrung nach für einen Fremden unüberwindbar. Er würde Tage benötigen, auch nur vage zu wissen, wo wer wann und wohin fuhr. Insofern konnte ich mich beruhigen.

»Was meinst du«, sagte ich zu Snakewoman, »meinst du, ich kann mich da beruhigen?«

»Mit Sicherheit«, erklärte sie. – Ich geleitete sie dann zum Einstieg und stand noch eine Weile draußen vor dem Fenster, während sie mit großer Beharrlichkeit herablächelte – der Bus rückte an, ich winkte, sie lächelte. Und dann, während der Bus bereits mit ihr davonzog, durchfuhr es mich – – –

Bag.

Hatte nicht jemand »Bag« gesagt!

7

Was dann in San José passierte, erfuhr ich hinterher: Als Snakewoman dort mit dem Bus eintraf, fuhr Bag gerade ab – die beiden müssen sich sozusagen Fenster an Fenster begegnet sein. Es war gegen zehn Uhr vormittags, und Bag hatte durchaus keine Schwierigkeiten gehabt, den Bus nach Limon zu besteigen. Er hatte einfach gewartet, bis er kam, und war eingestiegen, ganz simpel. Daß da noch andere Leute, ganze Familien, ganze Dorfgemeinschaften hinein wollten, hatte er offenbar gar nicht wahrgenommen, er war durch sie hindurchgegangen wie durch Hühner. Der Vorgang ist in die Geschichte des Bahnhofs eingegangen.

Für Snakewoman war es dann auch nicht so gelaufen, wie geplant. Man hatte ihr das Horn nicht richtig geschnitten, viel zu kurz, viel zu flach und überhaupt nicht wie im Ebony abgebildet. Genauer gesagt, die Frisur war ruiniert. Andere Damen hätten daraufhin einen Nervenzusammenbruch bekommen, tiefe Depression und Suizidabsichten, nicht so Snakewoman. Sie wurde in den Kriegszustand versetzt. Innerhalb der darauffolgenden halben Stunde kriegten vier Friseure und der Ladenbesitzer schlohweiße Haare, während sie alle im Verein bemüht waren, zu retten, was zu retten war, es wurden Wässer aufgetragen, künstliche Locken eingesetzt, Extrabehandlung durch Ultraschall und Höhensonne, der Laden mußte geschlossen werden. Am Ende kam dann Snakewoman erst zwei Tage später nach Hause. Unglücklicherweise.

*

In Limon war inzwischen die Sonne hochgewandert, und ich machte mir, nachdem ich Snakewoman zum Bus gebracht hatte, einen sehr schönen Vormittag, indem ich mich in Bobby's Bar setzte und zwei große Cubas trank, später noch einen. Saß dann stundenlang im Stockdunkeln; die weiße Hitze fiel nur durch einen schmalen Spalt herein. Später nahm ich noch einen geeisten Bananen-Daiquiry zu mir, und als mir so richtig flau zumute war, beschloß ich, einen frühen Lunch zu mir zu nehmen. Ich muß noch erwähnen, daß da eine Halbblutdame neben mir Platz genommen hatte, mager wie die Sünde und offenbar die Gelegenheit abpassend; aber selbst mit Snakewoman außer Landes traute sie sich nicht allzuweit vor.

So wanderte ich ins Café Standard, saß da eine Weile herum, trank ein oder zwei Bier, bestellte schließlich ein Bisteca con aroz, trank dazu ein weiteres Bier – das sind diese kleinen, die sie hier ausschenken, und das alles wäre ja nicht so wichtig gewesen, wenn ich nicht damit meinen Standort bezeichnete: ziemlich hinten im Lokal, hinter einer gußeisernen Säule, die wohl bessere Tage gesehen hatte und jetzt keine statische Funktion mehr besaß. Sie war mit Silberbronze angestrichen.

Soeben war ich mit meinem Beefsteak fertig und wollte über den Nachtisch nachdenken, etwa ein Eis mit Fruchtgelee, als sich vorne der Eingang verdunkelte. Ich war überhaupt nicht auf ihn vorbereitet, aber ich erkannte ihn sofort. Er setzte sich an einen Tisch vorne an der Straße, und irgendwie – oder war das meine Einbildung – sprach hier jedermann plötzlich leiser. Ich bildete mir vielleicht auch ein, daß die Straße draußen vor der Markise plötzlich einen Stich ins Graue hatte? An sich konnte mir hier gar nichts passieren.

Ich saß hier ganz gut im Dämmern hinter meiner Säule; und um das gleich sicherzustellen, orderte ich über das halbe Lokal hinweg ein Fruchtgelee und aß es auch. Der Mann war noch nicht adjustiert, er blinzelte nach allen Seiten, blinzelte auch einmal schräg in meine Richtung, so daß mir das Fruchtgelee vom Löffel fiel, aber wahrscheinlich sahen wir alle, die wir hier saßen, für ihn wie die gleiche Affenscheiße aus. Ich konnte ihn von meinem Platz aus ungeniert betrachten: Dieser Mann war bedrohlich, besonders der Hals, der war definitiv breiter als der Kopf, etwa so breit wie die Schultern eines Boxerhundes. Einmal stand ich auf, um in der kleinen Diagonale zur Toilettentür zu gehen, dabei gelangte ich hinter ihn und sah jetzt den Hals in seiner ganzen Ausdehnung. Ein Trapez, ein muskulöser, wulstiger, stumpfer Kegel, auf dem oben der relativ kleine Kopf aufsaß.

Auf dem Rückweg von der Toilette überfiel mich der unwiderstehliche Zwang, den Mann anzureden. Ich kam bis auf etwa Armeslänge heran und sah den perlgroßen Zirbelknochen, der hinten den Abschluß der Schädelplatte bildete, die ihrerseits völlig kahl war: Eine blanke Knochenkugel mit dem deutlichen Hinweis auf außerordentliche Härte und Dickwandigkeit. Sagte ich blank? Sie war blank, sie war poliert wie ein Treppenknauf, ich meine diese Eichenkugeln am Ende des Geländers, und damit fielen mir – beim Gedanken daran – siedendheiß meine Sünden ein, die ich begangen hatte: O Gott, dachte ich, hätte ich mich mehr zurückgehalten, mir wäre jetzt um vieles leichter zumute!

Ich setzte mich wieder in meine Ecke, denn jetzt stand Bag auf. Bag erhob sich, um seinerseits die Toilette aufzusuchen – die ununterbrochen laut hörbar lief –, und war nun in seiner ganzen Ausdehnung sichtbar: Der Mann *war* breit, so breit, daß er frontal den Türrahmen der Toilette mitgenommen hätte und nur seitlich eintreten konnte, aber wie er sich dabei drehte, und, als er wieder herauskam, wie er sich entgegengesetzt drehte zeigte mir die wirkliche und echte Lebensgefahr. Denn diese Drehbewegungen, die der schwere Mensch da ausführte, waren leicht wie ein Hauch (Was hatte ich getan!).

Angezogen war er übrigens allererster Klasse, er schien wahrhaftig Wert darauf zu legen. Superleichter weißer Anzug, aber nicht zu weiß, mit einem schwarzen Nadelstreifen darin. Schwarz-weißes Seidenhemd, bronzefarbene Krawatte, dazu die passenden bronzefarbenen Schuhe (italienisch). Und ich war sicher, daß er auch passende Strümpfe anhatte, mußte mich sehr täuschen –

Achtete darauf, als er sich setzte:

Es waren weiße mit dem feinen Nadelstreifen. O Gott, dachte ich, wenn ich seinen Bruder doch besser behandelt hätte – – ich hatte ihn aber nicht besser behandelt. Vor allem kam es mir jetzt darauf an, Bag im Auge zu behalten. In dieser unübersichtlichen Stadt, wo das eine Ende aussah wie das andere, wo ich, der ich seit vier Wochen hier herumlief, nie wußte, ob ich jetzt von rechts nach links oder von oben nach unten wanderte (immer zweihundert Meter vom Gymnasium).

Als er sein Huhn in süßsaurer Soße aufgegessen hatte – das ich ihm nicht empfohlen hätte – und auf die Straße trat, folgte ich ihm, gedeckt durch den Säulenvorbau, dann durch einen Bretterstapel vor dem Nachbarhaus und danach durch einen Mann, der in einem großen Korb irgendwelche Binsen transportierte, jedenfalls ging ich in ganz guter Deckung hinter ihm her. Ich hielt genügend Abstand und war überzeugt, daß ich mich in meinen verschossenen Hosen ohne weiteres in die Umgebung einfügte, wenn ich jetzt noch etwas in die Knie ging; glücklicherweise hatte ich auch noch den kaputten Strohhut auf – der Grund dafür war der Sonnenbrand, den ich mir vor zwei Tagen durch die Haare hindurch (!) zugezogen hatte, bezeichnend für die Strahlungsintensität in diesen Breiten.

Mit dem Hut halb im Gesicht und gut zehn Zentimeter kürzer, folgte ich dem Mann, der sichtlich ohne jede Orientierung zwei, drei Schleifen beschrieb und offenbar gar nicht merkte, daß er schon zum dritten Mal in dieselbe Suppenpfütze aus Chungchas Fischküche trat, während ich sie gerade zum dritten Mal vermeiden konnte. Gepäck trug er keines; er mußte allem Anschein nach von der Busstation direkt das Hotel Recife aufgesucht haben, denn ein anderes kam hier gar nicht in Frage (mir wurde späterhin bestätigt, daß er zwei Gepäckstücke gehabt hatte, ein größeres und ein schmales langes).

Es kam der Augenblick, da er mir direkt entgegentrat. Eben noch war er weit vorne zwischen zwei Lastwagen verschwunden, und ich beeilte mich aufzuholen, indem ich die Leute beiseite schob und wohl etwas zu hastig vorging: Jedenfalls trat er plötzlich aus einem Ladeneingang heraus – ich erinnere mich genau, es war eine Drogerie, wo ein scharfer essigsaurer Geruch herausschlug, Essig, aber irgendwie auch nach Kater –, stand da auf einmal vor mir und hätte mich unbedingt sehen müssen, wenn er nicht diesen nach innen gerichteten Blick gehabt hätte. Als ob er tief nachdenke. In tiefer Gedankenarbeit.

Ich aber, in Sekundenschnelle, durfte dieses Gesicht ganz nahe sehen, so wie man plötzlich einer unmittelbaren Lebensgefahr gegenübersteht. Denn das war gar kein Gesicht, das war etwas, das sich dort irgendwie zusammengezogen hatte: Muskelwülste über den Augen, Muskelwülste um den Mund und an Stelle von Backenknochen. Wie Tierbäuche. Und das Kinn – – also, ich schwöre, der Mann hatte einen Bizeps als Kinn.

Wenn ich bis dahin noch gelassen gewesen war, jetzt war ich es nicht mehr. Ich weiß nicht, warum er mich nicht sah, es kann sein, daß er ein anderes Suchbild vor Augen hatte, immerhin war ich inzwischen ziemlich verwittert, oxydiert – kein Mensch durchsteht Limon vier Wochen lang, ohne zumindest äußerlich Schaden zu nehmen. Er suchte offensichtlich nach einem weißen großen City-Mann, und er suchte ihn auf Distanz und nicht zehn Zentimeter vor seiner Nase.

Bag betrat mehrere Läden, auch eine Tankstelle an der Ecke der siebten Straße und der vierten Avenue – das gab es in Limon auch, sie waren aber nicht durchgezählt, ich glaube, die dritte folgt auf die siebte, und die zweite fand man überhaupt ganz woanders, jenseits der Bahngleise. Soweit ich sehen konnte, kam er aber zu keinen Resultaten, er zog Kreise, teilweise weit ausholend und in ziemlich üble Quartiere führend, zeigte aber keinerlei Zögern oder Unruhe.

Einmal gelangte er zum sogenannten Schwarzen Wasser, agua negra, es war der Ausfluß Limons, in Mäandern verlaufende stinkende Rinnsale und Schlammlöcher, wo sich mitten im Dreck eine Bretter- und Kartonsiedlung eingegraben hatte. Da ergab sich folgendes Bild: Bag in seiner feinen Ausstattung, sichtlich ungehalten über den kriminellen Zusand der Straße, einzig und allein auf seine Schuhe achtend und ohne jeglichen Respekt für die vier, fünf Gestalten, die da aus dem Nichts aufgetaucht waren. Plötzlich waren sie da, vermehrten sich – der feine Herr war ja genau das richtige Fressen –, und dann sahen sie wohl genauer hin und schrumpften auf fünf, vier und schließlich auf einen einzelnen Dummkopf, der dann auch noch weggezerrt wurde. Bag schimpfte währenddessen über einen Spritzer auf seinem bronzefarbenen Schuh; es war der linke. Ich selbst blieb, glaube ich, nur deshalb unbeschadet, weil ich, obwohl in größerem Abstand, Bag zugerechnet wurde. Sozusagen unter seinem Schutz stehend.

So hielt ich mich etwa vier Stunden lang in seinem Rücken, und ich darf sagen, daß dieser sich mir seither unauslöschlich eingeprägt hat. Ja, in meinen schlechtesten Träumen erscheint der Rücken heute noch. Bag ging auch gar nicht richtig menschlich, als ob seine Beine eigentlich zu einem anderen Zweck bestimmt waren. Ich hatte einmal in einem Film eine Art Geisterhund gesehen, der sich wie ein einziger riesiger Muskel durch die Gegend schnellte. An den erinnerte er mich.

Gott sei Dank ermüdete endlich auch Freund Bag und kehrte ins Hotel zurück – ich hätte ihm einen kürzeren Weg zeigen können. Das letzte, was ich von Bag sah, war sein gewaltiger weißer Rücken mit dem feinen Nadelstreifen, als er im Eingang des Hotels Recife verschwand, dabei fiel mir dann als allerletztes auf – das heißt, es war mir schon die ganze Zeit aufgefallen –, daß der Mann bei aller Mächtigkeit doch kurz war.

Irgendwie niedrig.

*

Am nächsten Morgen saß ich im Garten vor meinem Frühstück, das ich mir zubereitet hatte. Spiegeleier mit Schinken, schwarze Bohnen und Kaffee. Dachte darüber nach, wann ich Snakewoman vom Bus abholen wollte, etwa um elf, da ich mit Sicherheit annahm, daß sie (!) den ersten Bus kriegen würde. Ich saß hier angenehm im Schatten und erfreute mich, wie immer um diese Stunde, am üppig-frischen Beginn des Tropentages, der allerdings in kürzester Zeit in unflätiger Hitze aufgehen würde. Soeben beugte ich mich vor, um einen ersten Bissen mit der Gabel aufzunehmen – ich glaube, ich hatte ihn schon aufgenommen – beugte mich also vor und machte den Mund auf – – –,

als vor meinen Augen die Spiegeleier zerbarsten.

Sie platzten einfach auseinander und mit ihnen der

Teller, und gleichzeitig hörte ich einen Knall. Ich muß mich wohl automatisch zurückgeworfen haben, denn da, wo eben noch mein Kopf war, fetzte im selben Augenblick die Rinde von dem Aobab-Baum dahinter weg, gleich ein ganzer langer Lappen von dieser hübschen goldgrün gelackten Rinde. Und ich dachte noch – zusammen mit dem zweiten Knall: Welch eine Schweinerei!

Da lag ich aber schon auf dem Boden, in vollem Bewußtsein der Sachlage: Wie hatte ich es Snakewoman einmal erklärt? Wenn es soweit ist, daß man mich abschießt, dann von diesem Wasserturm aus, hatte ich ihr gesagt. Der Wasserturm auf dem Hügel, keine hundert Schritt vom Haus entfernt, war der ideale Platz, von dem aus man in den Garten einblicken konnte; und genau auf die Terrasse mit dem Frühstückstisch.

Ich hatte ihr erklärt, daß man auf diese Entfernung mit einem Zielfernrohr ein toter Mann sei. Es gab da oben sogar eine Plattform mit Leiter direkt bis unter den eisernen Behälter, von dem aus das Wasser in die umgebenden Anwesen floß, und die Plattform hatte ein Brettergeländer als Sichtblende; ich war selbst dort oben gewesen. All dies ging mir in der Sekunde durch den Kopf, in der ich das Bein aus dem Sichtwinkel zog, um im selben Augenblick die Genugtuung zu haben, dort die Terrassenfliesen aufspritzen zu sehen – in Verbindung mit dem dritten Knall. Hatte der Schweinehund mich also doch gefunden, dachte ich, und hatte er auch gleich den richtigen Platz entdeckt, von wo aus er mir das Frühstück kaputtschießen konnte.

In der nun folgenden Minute entwickelte ich eine

rasende Tätigkeit (keine Panik), ich entzog mich mit zwei Seitwärtsrollen dem berechenbaren Schußfeld, duckte mich unter der seitlichen Hecke weg, um dann in mehreren tigerartigen Sätzen das Haus zu gewinnen, wo ich mir die fünfundvierziger Loyola griff – die Magnum war nicht da – samt der Schachtel mit Munition, und in bewundernswürdiger Geistesgegenwart ergriff ich auch noch den Kniebeutel, in dem ich das Geld aufbewahrte. Hechtete zurück in den Garten und rannte unter der Deckung der großen Stauden, die man poor-man's-umbrella nennt, zum hinteren Ende, wo der dicht verwachsene Zaun eine dreieckige Lücke aufwies. Wo ich nämlich einmal das Wellblech zurückgebogen hatte, um an die dahinterstehenden Coquillen zu gelangen – das sind mannshohe weiße Blütenständer mit einem intensiven Geruch nach Marzipan.

Dort schlüpfte ich glatt durch – man glaubt gar nicht, wie glatt ich im Augenblick der Gefahr wurde –, drang in das anschließende dichte und dunkle Gehölz ein; mehr oder weniger Niemandsland zwischen den Grundstücken der Nachbarhäuser, die alle mit der Front an die Straße nach Portete grenzten. An sich undurchdringlich, war das Gestrüpp von ein, zwei Pfaden durchzogen, wahrscheinlich von Generationen kleinen Diebesgesindels getreten (I'm four years old). So war ich schon ein gutes Stück vorgedrungen, als ich hinter mir vom Haus her ein splitterndes Geräusch hörte, dem ein Ausruf folgte. Viel Zeit hatte er sich nicht gelassen, und dann fiel mir noch etwas auf: Er hatte es noch nicht einmal für nötig befunden, einen Schalldämpfer zu benutzen.

Ich war beeindruckt. Übrigens bemerkte ich jetzt

erst, daß ich hier in meinem Pyjama stand, darf dazu aber erklären, daß ich wegen meiner Abneigung gegen diese gestreiften Scheußlichkeiten (in denen jedermann wie ein Hahnrei aussieht) Nesselzeug trage, ungebleicht, und Schnürstiefel trug ich wegen der Schlangen im Garten. Die Loyola im Gurt, Kniebeutel angeschnallt, ein Bein leicht gehoben in gespannter Aufmerksamkeit, so stand ich hier (in der Mitte von nirgendwo) und mochte den Anblick eines asiatischen Todesbringers abgegeben haben.

Im Augenblick war leider das Gegenteil der Fall.

*

Jetzt laßt mich nachdenken, was ich gemacht habe und wo ich mich befand. Ich hielt mich also im Gestrüpp hinterm Haus, westlich, das Haus lag nördlich vom Gymnasium – das wissen wir ja –, stieß hier also westlich vor, und zwar in lächerlicher Panik. Stieß nach einiger Zeit auf einen gewundenen, grün bewachsenen Wasserlauf, ahnte gar nicht, daß es den hier gab –, dreihundert, vierhundert Schritt ungefähr, bis ich von einer Mauer aufgehalten wurde, die hier quer verlief und ein größeres Privatgelände abgrenzte. Ein gut geschnittenes Karree aus Piçuca-Stauden mit einem Swimmingpool in der Mitte, und ich wußte nun auch, wo ich mich befand: Im Garten des Bauunternehmers Küzkün; unglücklicher hätte ich es gar nicht treffen können. Der Mann war, soviel ich wußte, vor vierzig Jahren aus der Türkei eingewandert, und, reich geworden, ließ er sich dementsprechend bewachen. Ihn hatte ich nie gesehen, dagegen aber seine Frau, eine ehemalige Prostituierte der Luxusklasse; ich sah sie einmal auf dem Markt, wo sie gnädig von Stand zu Stand schritt, gefolgt von zwei bewaffneten Angestellten ihres Hauses.

Angenehm war mir der Gedanke nicht, hier womöglich noch aus Versehen erschossen zu werden; ich hatte die Mauer aber schon überstiegen, wollte soeben im Schutz der gut geschnittenen Piçuca-Hecke passieren, hatte auch schon ein gutes Stück hinter mich gebracht, als ich auf die Dame stieß – sie ruhte da im Schatten auf einer luxuriösen Rattan-Liege und starrte mich aus tellergroßen Augen an.

Mann, sagte ich mir, wenn mich hier Küzkün entdeckt! Mir aber wurde sofort klar, worin der Anreiz für den türkischen Bauunternehmer gelegen hatte: Ihre »blaue« Haut, die im Augenblick in beträchtlichem Ausmaß zu sehen war. Es gab hier – wenn ich eimal abschweifen darf – unter den Limoner Damen eine ganz besondere Kreolmischung, welche sich durch eine sehr delikate Schattenfarbe auszeichnet, die tatsächlich ins Bläuliche oder doch zumindest in ein warmes Perlgrau hineinspielt. Vorausgesetzt, daß kein Strahl Sonne, und zwar niemals im Leben, auf diese Haut fiel. Sinnbild höchster Erotik und von den Männern des Südens aufs vorzüglichste geschätzt.

Ich vollführte deshalb einen Kratzfuß und gab auch sonst Zeichen von Erstaunen und Entzücken (erstaunten Entzückens), um ihr wenigstens für zehn Sekunden das kleine Luxusmaul zu stopfen. Bis sie dann aus Leibeskräften schrie – und in welcher hohen Tonlage! –, war ich schon über die Nachbarmauer, hatte dort leichteres Spiel, indem da ein paar alte Negerinnen mit Ausjäten beschäftigt waren und mich in meinem Pyjama wohlwollend musterten. Vor diesen nahm ich dann (vor diesen ganz besonders) die Beine in die Hand und gewann – durch ein Wohnzimmer hindurch, anders ging es nicht – die Straße.

8

Die Königspalmen der Via Portete waren noch von der General Fruit Company gepflanzt worden, und nach Niedergang der Fruit Company – oder nach Niedergang überhaupt der gesamten Zivilisation, nur hätte man das niemals zugegeben – waren diese majestätisch hohen Zeugen übriggeblieben, die auf wunderbare Weise die ganzen vier Meilen bis Moïn säumten. Und mit etwas Glück würde ich sogar einen Bus kriegen.

Die Loyola hatte ich unter der Jacke in den Gurt gesteckt, aber hier war kaum jemand auf der Straße, dem sie hätte auffallen können, nur ein halbblinder Greis mit Strohhut und der Losverkäufer an der Ecke mit einem Streifen übriggebliebener Lose, die er sich ans Hemd geklebt hatte, doch der war selber viel zu verzweifelt, als daß er genau hinsah.

Es war jetzt gegen neun, um acht hatte ich in einer fernen Vergangenheit mein Frühstück eingenommen – ich versuche, den Zeitablauf etwas zu ordnen –, also ich hatte Glück und kriegte den Bus gegen halb zehn, um eine halbe Stunde später Moïn zu erreichen, wo an der Anlegestelle das Boot nach Colorado liegen sollte. Auf jeden Fall lag da ein Boot, das den schönen Namen »Ilheo« an seinem Bug trug und ungeheuer lang und flach war.

An Bord war niemand zu sehen, ich stieg über die Laufplanke zum Oberdeck und setzte mich da auf eine der Bänke in den Schatten und wartete. Bestimmt eine halbe Stunde lang, schien hier der einzige Passagier zu sein. Ich wartete, und die »Ilheo« dümpelte am Steg vor sich hin. Sie hatte überhaupt nur ein Deck, wie ich feststellte, im Grunde genommen war die ganze »Ilheo« eine einzige flache schwimmende Plattform mit einer Reling ringsherum, damit das Wasser nicht hereinlaufen konnte. Ich hatte sogar den Eindruck, daß sie sich, die Plattform, beim Auf- und Abdümpeln in sich bewegte. Als ob sie in der Mitte so etwas wie ein Gelenk hatte. Ich ging nach vorn und nach hinten und achtete darauf: Jedesmal im leisen Heben und Senken von Bug und Heck bewegte sich das Mittelstück im Gegentakt; ich konnte mir gut vorstellen, was das bei richtigem Wellengang bedeutete. Oder besser nicht. Ich wartete dann noch eine halbe Stunde.

Wir wollen uns jetzt nichts vormachen, ich mochte ruhig erscheinen, aber ich war es nicht. Eigentlich wartete ich darauf, die wohlbekannte Silhouette jederzeit um die Ecke biegen zu sehen. Obwohl ich mir wiederum nicht vorstellen konnte, wie der Mensch ohne Ortskenntnis mich hier entdecken sollte. Ich sehe, es ist nötig, einen Überblick zu geben: Limon hat vorne den Bahnhof für die Eisenbahn und die Busse, die Verbindung zur Welt, aber hinten, ganz am anderen Ende, wo niemand mehr hinkommt, da gibt es diesen kleinen trägen Flußhafen, von wo es auf Wasserstraßen, auf dem »Kanal« ins grüne Nichts geht. Ich hatte diesen »Kanal« auf der Karte gesehen, eigentlich waren es langgestreckte, zusammenhängende Lagunen, die sich parallel zur Küste bis zum Rio San Juan hinzogen. Auf der ganzen Strecke gab es nur eine Handvoll Ansiedlungen, Pacuare, Parismina, Tortuguero. Und ganz hinten Colorado, das aber bereits in Nicaragua lag.

Nun war es schon elf, und ich hatte inzwischen die Bänke alle gezählt, die Höhe des kühnen gelben Schornsteins ausgemessen, ein langes Rohr, das von vier Drahtseilen gehalten wurde, dennoch war ich relativ zuversichtlich. So wie ich die Lage beurteilte, war das Boot wahrscheinlich früh am Morgen mit den Bauern, den Kindern, den Papayas, den süßem Kartoffeln, Platanos und Pfefferschoten hier eingetroffen, um das alles rechtzeitig zum Frühmarkt in Limon zu bringen, und wenn sie es verkauft hatten, würden sie mit Schuhen, Zuckerschnaps, Tüchern für die Mujer, gestreiften Hemden, Brettern, Wellblech, möglicherweise sogar mit Geld an Bord zurückkehren. Und das würde um zwölf geschehen, wenn Gott wollte, wenn sie nicht den Zuckerschnaps gleich austranken. Um eins? Keine Panik.

Um fünf vielleicht?

Auf der Karte hatte dieser »Kanal« wie eine marmorierte Schlange ausgesehen mit Inseln, Schleifen, Landeinschlüssen, Flußmündungen, es gab Verbindungspforten zum Meer, hinein und hinaus, ein ungeheuer kompliziertes grünes Brackwassersystem, das sich auf eine Länge von mehr als hundert Kilometern erstreckte, ich konnte mir vorstellen, daß sich dort jemand ganz gut verkrümeln konnte (zwischen nichts und nowhere). Und eben bei diesem Gedankengang fiel mein Blick auf das Speedboot, das da im Wasser lag.

Donnerwetter.

Also, Speedboot war natürlich übertrieben, es war ein Kahn, ein gewöhnlicher Krabbenkahn, ruhig in dem Winkel zwischen Steg und Uferböschung schaukelnd. Aber der Motor! Ich mußte zweimal hinblikken, um es zu glauben. Das war ein Ding, ein riesiger gedrungener Stier von einem Motor, der gut und gerne ein zehnmal so großes Boot angetrieben hätte. Solch einen Koloß sah man höchstens auf dem Chicago-Racing oder auf dem Lake Pontchartrain, ich verstehe ja nichts davon, aber soviel konnte ich auch sehen, daß das ein ganz verdammter Weltklassemotor war, und wie kam der hierher?

Das ging mich ja schließlich nichts an. Ich zählte noch einmal die Bänke durch und kam auf eine ganz andere Zahl, und dann noch einmal von vorne, da hatte ich die zwei Sitze neben dem Steuerhäuschen vergessen. Das Steuerhäuschen war überhaupt eine noble Angelegenheit, sechseckig mit gedrechselten Säulen und das Steuerrad selbst ein ganzer Steuertraum aus poliertem Messing mit kleinen aufgesteckten Fahnentüchern, darauf legten sie hier anscheinend Wert. Es maß sechs mal einsvierzig, wenn ich mich nicht täuschte. – Dreiundzwanzig Bänke.

Dazu schaukelte drüben in aller Ruhe das Speedboot, ganz und gar schwarz lackiert und effektvoll, der schwarze Pfeil von Moïn. Ich ging über die Laufplanke zurück, um das Phänomen einer genaueren Betrachtung zu unterziehen, die leider enttäuschend ausfiel: Der unselige Besitzer hatte den Kahn geteert (!), und nicht nur den Kahn, sondern auch noch den Motor, so daß aus der Nähe das Ganze wie eine große schwimmende Heizanlage aussah, und als ich näher hinblickte, lag er da im Kielraum und schnarchte (der Besitzer). Ich stieß mit dem Fuß gegen den Kahn, aber der Mensch rührte sich nicht. Schnarchte am hellichten Tag zum Gottserbarmen, eine Art Hermaphrodit war das, mit breiten Hüften und einem dicken Arsch, ich stieß nochmal kräftig, da drehte er sich unendlich langsam auf die Seite, schnarchte weiter.

»Heh Mensch«, rief ich, »Olla Ombre!«

Der rührte sich nicht.

»Dollar, Geld«, rief ich, »es gibt Geld zu verdienen!«

Ein unendlich langsames Fleisch, das sich da auf die Seite drehte und weiterschnarchte – jetzt wachte es auf. Aha, das Geld war doch irgendwie bis zu ihm durchgedrungen.

»Fünfzig Dollar, im Falle daß du deinen Hintern hochkriegst.« Da war er aufgewacht. Was?

Also, der Mensch hieß Cristofo, und er besaß außer dem langsamsten Fleisch der Welt dieses Rennboot – ich muß das jetzt abkürzen, sonst sitzen wir hier noch bis in die tiefe Nacht. – Also die Geschichte: Es hatte einmal einem Amerikaner namens Bob gehört, und der war von Krokodilen gefressen worden, er hatte den Motor aus einem Flugzeug, einem was, einem Flugzeug ausgebaut. Der Bob. Er wiederum hatte das Flugzeug entdeckt, ja, am oberen »Kanal«, jedenfalls hatte er das Boot treibend aufgefunden – behauptete er –, herrenlos treibend, und nun war es seins. Cristofos.

Immerhin war er dann soweit wach, daß er hundert haben wollte, hundert und die Benzinkosten. Ich hätte handeln sollen, doch dann war es ein solches Erlebnis, den Mann endlich hochkommen zu sehen, daß dies allein schon sein Geld wert war.

Cristofo füllte den Tank aus einer hochangebrachten Blechtonne, an der unten ein Schlauch angeschraubt war, und während das Benzin langsam floß, schaute ich nach, ob sich drüben an der Anlegestelle etwas tat. Es tat sich nichts; der nächste Bus aus Limon war auch nicht vor einer Stunde zu erwarten.

Die Tankfüllung kostete nochmals zwanzig Dollar.

*

Als aber dann der große Motor aufdröhnte! Als das weiße Wasser hinter uns wegschoß und der alte Krabbenkahn sich vorne anhob – – die Ufer sich zu krümmen begannen, die satte Palmensilhouette sich kraftvoll wegdrehte –, da wurde die Welt groß, da wußte ich, daß ich entronnen war, endgültig. Ein gutes, leuchtendes Gefühl. Die weißen Brecher erstarrten, wurden blau, blieben hinter uns zurück. Ich grinste Cristofo zu, und er, auf seinem Motor sitzend, grinste zurück. Das war Speed, das war geballte Power, die reinste Dröhnung.

Ein Drittel der Moïn-Lagune fraßen wir auf wie nichts.

Bis unter die Eisenbahnbrücke, wo die Strecke Limon – San José auf die andere Seite überwechselt, bis hinter die Kehre, wo sich ein ausgedehntes Becken bildet, umstanden von dicken Swamp-Palmen, da fielen wir auf einmal ab – das weiße Wasser wurde hinten klein, der Krabbenkahn senkte vorn die Nase, und dann wurden wir langsamer und langsamer, bis wir nur noch dahinpuckerten. Was war los?

»Was ist los?« rief ich.

»Zu heiß.«

»Was?«

»Zu heiß«, erklärte Cristofo, er saß ja darauf, also mußte er es beurteilen können.

»Ich denke, das ist ein Rennboot«, rief ich, »ich denke, wir machen hier Speed!«

Cristofo prüfte mit seiner Arschbacke, dann schüttelte er den Kopf und sagte: »Zu heiß.« Saß da mit einwärts gerichtetem Blick, und es blieb nichts anderes übrig, als seinem Motorenverständnis, das er offensichtlich in der Gesäßgegend hatte, zu trauen. Wir hatten ja wirklich etwas überdreht, das sah ich ein, mußten mal eine Weile kurztreten. Ich richtete mich vorn auf einer Binsenmatte ein, ließ die Hand durchs Wasser ziehen, gab mich, da ich nichts anderes tun konnte, der Betrachtung der strotzenden Ufervegetation hin. Schwellenden, fast femininen Formen, die ich mit den Augen nachtastete.

Swamp-Palmen sind kugelige Gebilde – in der Größe etwa eines mittleren Hauses –, die aber keinen Stamm zeigen, sondern ihre Wedel direkt bis zum Boden, in diesem Fall bis zur Wasseroberfläche hängen lassen. Ich bin einmal (hinter dem Gymnasium) in eine solch scheinbar massive Palmenkugel eingedrungen: Innen war nichts, leerer Raum, kein Strahl Licht hinter dem Vorhang.

Dunkle Säle – – in denen der Leopard im Dämmern wandert.

*

Jetzt war ich doch tatsächlich eingeschlafen, ich hatte sogar einen kurzen Traum: Mein Mitschüler Pohlmann lag fröhlich neben ihr, die sich eigentümlich drehte, wer war das, Ursula Drehfahl, das Bett fiel um, und ich ruckte hoch. Da saß aber noch immer Cristofo auf seinem Motor und machte langsame Fahrt. Und machte...

»Was ist denn das?« fragte ich. »Jetzt schleichen wir ja vollends!« rief ich einigermaßen aufgebracht. Und wirklich machten wir derart langsame Fahrt, daß ich auf jeder Chicharro-Blüte, die vorbeischwamm, alle vierundzwanzig Staubfäden zählen konnte. Cristofo erhöhte daraufhin das Tempo ein wenig, so daß Gott sei Dank am Bug eine Fahrtwelle zu sehen war (und man nur noch zwölf Staubfäden hätte zählen können).

»Zu heiß?« fragte ich und fuhr drohend fort: »Es ist nämlich gut möglich, daß *ich* irgendwann zu heiß werde!«

Ich wußte nicht, wie lange ich geschlafen hatte, es mochten Stunden gewesen sein, jedenfalls hatte sich das Uferbild stark verändert. Riesige Regenbäume bildeten zu beiden Seiten Wände, mit Kaskaden von Kletterpflanzen behangen. Vorn erschien hinter einer Krümmung ein Riese von glatt dreißig Meter Höhe, ein Meskal, dicht umkleidet von einem Mantel leuchtend grüner Vegetation; ein geradezu majestätischer Anblick. Ich wußte aber, wer hier sein Mordhandwerk betrieb, auch wenn es noch so schön aussah: der tödliche Schmarotzer Zapotillo, der kleine Schuh (wegen seiner pantoffelartigen Früchte). Der Zapatillo fängt ganz klein an, setzt sich mit Flugsamen in Astgabeln fest und macht da oben ein kleines freundliches

Büschelchen, das sich baldigst vermehrt und lotrechte Wurzelstränge bis zum Boden herunterhängen läßt, die auch baldigst Fuß fassen: bald über den ganzen Baum hin, und die Wurzelstränge werden armdick und schenkeldick und erwürgen bald den ganzen Baum.

Ein Symbol für gewährte Gastfreundschaft.

Dieser Meskal, sah ich, hatte das noch nicht begriffen, er lebte noch seinen wilden Baumtraum, er reckte sich noch. –

Wenigstens machten wir jetzt Fahrt. Cristofo war zwar ständig dabei, den Hahn zuzudrehen – – aber dann drehte er ihn lieber wieder auf. Wir kamen in eine Region, wo die Lagune vollkommen mit Wassersalat bedeckt war und wir wie durch eine schwimmende Wiese fuhren, die sich hinter dem Boot sofort schloß. Hier fuhren wir ganz langsam, noch langsamer, denn es kann passieren, daß sich die Heckschraube in den zum Seeboden reichenden Wurzeln verfängt, es entsteht ein Verhau, wenn nicht Schlimmeres: Die Motorwelle kann brechen, und es war einleuchtend, daß man da noch viel langsamer fahren mußte. Das mußte ich einsehen. Und um noch einmal auf den Meskal zurückzukommen. Im Endzustand ist er dann nur noch Zunder, und sein Schmarotzer steht wie ein riesiger Käfig um ihn herum. Aber die Strafe folgt auf dem Fuß, indem das Schlinggerüst ohne Stütze zusammenbricht und als grüne Schutthalde am Boden liegt; das hatte ich auch schon gesehen und war in tiefen Gedanken über den Wert des Daseins und seiner Daseinsformen begriffen, als ich zufällig nach hinten blickte.

Was war das! Was sich da um die Biegung drehte,

was da mit kühnem gelbem Schornstein hinter einer Baumgruppe ins Sichtfeld kam!

»Cristofo, du alte Schnecke«, rief ich in höchster Erregung, »hast du geschlafen!« Ich hatte ja selber geschlafen.

Sich kühn herumdrehte und direkt Kurs auf uns nahm! Vorn am Bug standen Leute, also ich weigerte mich, genau hinzusehen. Offenbar sollte hier ein Wettrennen stattfinden, der alte Seelenverkäufer war groß in Fahrt. Die Leute drängten sich im Bug, im einzelnen sah ich sie mir gar nicht erst an, besonders den Kerl ganz vorne, der da breitbeinig in seinem weißen Anzug stand, in nicht mißzuverstehender Haltung, den Kopf vorgereckt, die Arme rechts und links an der Reling, als wollte er das Schiff vorwärtsziehen – – ich wurde ganz ruhig.

Ich behaupte, daß ich ganz ruhig war, ich sprach sogar ruhig zu Cristofo und gab Anweisung, die Geschwindigkeit zu erhöhen. Was er auch tat, so daß das Bananenboot nur noch wenig näherrückte. Ich sagte: »Nun leg mal einen Zahn zu, sonst kriegen wir hier noch Grundfüße.« Es war ganz offensichtlich, die »Ilheo« mußte erheblich früher abgefahren sein, als ich gedacht hatte. Hinzu kam aber, daß wir nun an eine Stelle gelangten, wo sich hinter einer vorgeschobenen Sandbank die Lagune zum Meer hin öffnete. Man nennt das eine »Boca«, einen Mund. Hier war die »Ilheo« im Vorteil, weil sie größer war und gegen die schräg anlaufenden Wellen einen besseren Stand hatte, bei jeder anklatschenden Welle kamen wir hinten mit der Schraube aus dem Wasser und verloren an Fahrt.

Andererseits war jetzt aber auch deutlich zu sehen,

wie die »Ilheo« hier im bewegten Wasser lächerliche Schwabbelbewegungen vollführte: Sie schwabbelte in ihrer ganzen Länge, wälzte sich wie ein Gummiwal über die Wogenkämme. Und die Passagiere, soweit ich sie sehen konnte, saßen bleich und aufgerichtet auf ihren Plätzen, während ihnen das Wasser bis auf eine Handbreit unter die Füße kam; ich erwartete – ich will nicht sagen, daß ich es hoffte –, die »Ilheo« jeden Augenblick in der Mitte auseinanderbrechen zu sehen.

Sie brach aber nicht. Ob sie nun eine besonders ausgekochte Konstruktion gewesen oder ob sie im Laufe ihrer Jahre bloß ausgeleiert war, ich weiß es nicht. Jedenfalls bewies sie sich als ein höchst eigenwilliges Schiff, wie sich noch zeigen wird.

Bag war während der stürmischen Durchquerung am Bug stehengeblieben und hatte mich fixiert. Wir standen uns immerhin zum ersten Mal Auge in Auge gegenüber, beziehungsweise er zum ersten Mal mir, und was da in diesen roten Augen enthalten war! Das sah nicht gut aus.

Ich machte allerdings noch eine andere bedrohliche Beobachtung: Bag hatte sich das rechte Hosenbein schwarz angeschmiert, wahrscheinlich an der Schiffsmaschine. Der Fleck war nicht sehr groß, nur so eine Art langer Strich auf der Hose.

Ich zeigte auf sein Hosenbein und machte eine fragende Geste. Was? Das verstand er nicht, deshalb zeigte ich auf meine eigene Hose, da, wo er seinen Fleck hatte, dann auf seine Hose. Und machte eine fragende und dann eine bedauernde Geste, aber irgendwie schien es nicht die richtige Kommunikation zu sein, er stierte mich an, weit nach vorne vorgereckt, und der Hals wurde noch dicker.

Ich geriet ein wenig in Besorgnis, ob ich den Mann nicht zu sehr reizte; vielleicht daß ich ein sehr friedliches Verhältnis herzustellen versuchte? Er war jetzt nahe genug heran, daß ich die Ausbeulung an seiner Hose sehen konnte, da, wo er sein Geschlecht hatte, aber etwas mehr seitlich. Wahrscheinlich war es die Pistole, Kaliber fünfundvierzig, nahm ich an, darunter würde er es wohl nicht tun.

»Tut mir leid«, rief ich durch den Motorenlärm, »wenn ich Ihnen Umstände bereite, tut mir wirklich leid.«

Sehr sogar.

»Wenn ich Sie wäre, würde ich aber aufpassen, wo ich mich hinsetze, in dem Anzug«, ich blickte bedeutsam, und nun hatte er endlich den Fleck entdeckt, den er auf der Hose hatte, denn er schaute in einer Art viereckigem Staunen nach unten: Ich konnte sehen (nicht hören), wie er Laute von sich gab. »Umstände« war wohl nicht das richtige Wort gewesen.

Nun aber wandelte sich das Blatt. Wir hatten das Ende der Boca erreicht und gelangten wieder in glattes Wasser, wo der Vorteil mehr auf unserer Seite lag, während die »Ilheo« immer noch in den gekreuzten Wellenzügen stampfte.

»So«, sagte ich zu Cristofo, »deine Stunde ist gekommen, jetzt prügele ich dich windelweich, wenn du nicht *draufdrückst*, und zwar bis zum Anschlag, bis es nicht mehr weiter geht, windelweich!« Und während ich aufstand, um die Tat auszuführen – länger konnte ich das nicht durchgehen lassen –, erhob sich dann ein gewaltiges Gebrüll, das von den grünen Wänden wie ein Kanonenschlag zurückgeworfen wurde. Es war der Motor, der aufbrüllte: Da hatten wir wieder die volle Power, die ganze Speed, die weißen Wasser, die hinter uns aufzischten, die Silhouette, die sich kraftvoll wegdrehte, und die sich krümmenden Ufer. O ja.

Da grüßte ich hinüber zu meinem Freund Bag, den ich ja nun wohl zum letzten Mal sah. Und der schrumpfte und schrumpfte, bis nur noch sein Anzug vorhanden war, ein weißer Fleck, und auch dieser bald nur noch einer der unzähligen Lichtpunkte, mit denen die Lagune übersät war.

Hatte er zurückgegrüßt?

*

Nach einer halben Stunde etwa erreichten wir Parismina, ich war selber erstaunt; offensichtlich hatten wir Pacuare passiert, während ich schlief. Parismina bestand aus einer Landungsbrücke, ein paar Schilfdächern und einem weiß angemalten Wellblechdach. Wir knatterten an Parismina vorbei – der »Kanal« beschreibt hier eine u-förmige Schleife, biegt nach einer Viertelmeile um und berührt dann Parismina noch einmal an seiner Rückseite, wo sich jetzt keine Landungsbrücke befand und wo ein paar dickbäuchige Kinder im Wasser spielten. Sie winkten, die kleinen Idioten, indem sie die Hände auf- und zumachten. Und dann, nach einer weiteren Viertelmeile, fing der Motor an zu spucken, er spuckte ein paarmal, dann noch einmal heftig, und dann setzte er aus, wir hatten kein Benzin mehr.

Wir hatten – –

»Wir haben was?« fragte ich ungläubig.

»Kein Benzin mehr«, sagte Cristofo. Er sagte es langsam.

»Wie können wir kein Benzin mehr haben, wenn der Tank voll war!«

Dem stimmte er an sich zu.

»Also war der Tank nicht – – –?«

Cristofo nickte vorsichtig. So, dachte ich mir, jetzt ist es soweit, jetzt verprügele ich ihn, jetzt verprügele ich ihn wirklich. Es geschah aber, während ich dies dachte, ein kleines Wunder, wir trieben rückwärts: Der »Kanal« hatte hier offenbar eine Strömung zurück zur Boca hin, nicht stark, aber deutlich, und Cristofo produzierte mit auffallender Schnelligkeit Ruder, die der Länge nach unten im Boot gelegen hatten. Und – produzierte zwei mittelgroße leere Kanister.

»Donnerwetter«, staunte ich. »Du hast es gewußt!«

Die Kinder standen noch immer im Wasser und winkten, als wir zurückkamen, indem sie die Hände öffneten und schlossen. Ich sprang an Land, schickte mich an, zur Anlegebrücke hinüberzulaufen, hundert Meter quer über die Landzunge, wo es – wenn überhaupt – Benzin gab.

»Nicht da!« rief Cristofo. Er zeigte auf die leuchtend grüne Wiese, die ich soeben im Begriff war zu betreten.

»Besser dort«, er zeigte auf die Seite, auf ein Gebüsch, hinter dem eine Art loser Brettersteg ausgelegt war. Und so viel hätte ich selbst wissen müssen, daß diese Wiese, die nur aus niedrigem Pfennigkraut bestand, nichts anderes war als eine überwachsene Sumpffläche; aber dann fiel mir noch etwas auf.

»Dieser Steg«, sagte ich zu Cristofo, »dieser Steg – – – du kennst diesen Steg?« Cristofo bejahte fröhlich. »Wenn du aber diesen Steg kennst – – –«

– – –

»Du kommst hier immer mit halbem Tank an!«

Ich mußte mich jetzt unendlich zusammennehmen, daß ich nicht schuldig wurde, hier auf dem Steg, der nur lose ausgelegt war.

»Also gut«, sagte ich, »da ich für einen vollen Tank bezahlt und nur einen halben bekommen habe, kannst du jetzt bezahlen.«

– – –

»Verdammt«, rief ich, außer mir, »das sind aber die letzten zwanzig Dollar, die ich bezahle.«

»Dreißig.«

»Was!«

»Dreißig«, sagte Cristofo, »hier draußen kostet es dreißig.«

Die Prügel. Wenn wir jetzt Zeit gehabt hätten, hätte er sie auch bekommen, aber die Zeit hatten wir leider nicht mehr, denn in der Ferne hörte man das Bananenboot heulen, man hörte das Stampfen des Diesels. Die erste Füllung brachten wir heil hinüber, jeder mit einem Kanister von fünf Gallonen (die Gallone zu einsfünfzig), und die zweite Füllung – also, die lief gerade vorn an der Zapfstelle in die Kanister, als ich mich umblickte und den kühnen gelben Schornstein hinter der Biegung auftauchen sah. Und den grünvioletten Bug.

Die »Ilheo« nahm Kurs auf die Landungsbrücke und legte – es war Minutenarbeit, während wir noch mit unseren Kanistern über den Steg liefen, ich Cristofo kräftig auf die Fersen tretend –, legte schon längsseits an. Wir mußten das Benzin ja auch noch einfüllen!

»Wirf den Motor an«, brüllte ich aus Leibeskräften, und dann kriegte er doch den Startknopf nicht runter – oder kriegte ihn runter, aber der Motor sprang nicht an, wahrscheinlich weil noch kein Benzin in der Leitung war.

»Puschen!« schrie ich, »puschen!« Meinte damit, daß er den Vortransport betätigen sollte, den Drücker (Mann!) für den Vortransport, und da sah ich auch schon Bag heranstürmen, direkt auf die grüne Wiese zu. Ein prachtvoller Anblick. – Ich habe mich später gefragt, warum er eigentlich auf seinem weißen Anzug bestanden hatte, er hätte sich ja wirklich etwas zweckmäßiger kleiden können. Aber anscheinend war er auf das, was ihn hier erwartete, überhaupt nicht vorbereitet gewesen, hatte wohl eher an einen eleganten City-Kill gedacht. Und dann, selbst wenn er es gewußt hätte, muß man immer noch die Mentalität in Rechnung setzen: Scharfe Berufskleidung muß sein, kein Kill ohne scharfe Sachen. Zweifarbige Schuhe, zitronenfarbene Krawatte, großer Streifen. Ohne großen Streifen kein Kill.

Er hatte sich wenigstens aufs Klima eingestellt, das mußte man ihm zugute halten – ich schätzte auf ungefähr sechshundert Dollar, die ihn der Super-Lightweight gekostet hatte. Deshalb, als ich ihn heranstürmen sah, hob ich die Hand und wollte ihm noch zurufen: »Nicht dort!«, und wer weiß, ob er überhaupt auf mich gehört hätte, »schlechtes Terrain, kein Boden!«, gab heftige Handzeichen, da war er aber schon drin, und gleich vollständig – – na ja, man hätte sagen können, er war bis zu beiden Oberschenkeln drin, aber das traf die Sache nicht; er war effektiv bis zum Gemächt drin, genau bis dorthin.

»Mensch Bag«, rief ich lachend, »jetzt hast du dich aber eingesaut«, ich konnte mich doch nicht mehr zurückhalten. Wenigstens hatte es Cristofo inzwischen fertiggebracht, den Motor anzulassen, so daß wir hier einen stotternden Start machten, das war unser Glück. Denn da riß doch dieser humorlose Mensch, dieser Verbrecher, die Flinte hoch (er hatte meiner Ansicht nach ein 300er-Remington-Repetiergewehr M 15) und knallte uns eins über das Bootsdeck. »Hinlegen«, rief ich – das hätte ich nicht gedacht, daß er das riskieren würde. Nicht vor den Leuten.

Wir sahen ihn dann, als wir davonzogen, in seiner jetzt braunen Hose am Ufer stehen, und ich will bloß hoffen, daß er keines der Kinder getroffen hatte, die uns nachwinkten, indem sie die kleinen Hände fortwährend auf- und zumachten.

*

Soviel zur Unbeherrschtheit und zum negativen Charakter. –
Wir fuhren den kleinen Amazonas hinauf, den Amazonito, und dieser Teil des »Kanals«, der sich hinter Parismina anschließt, kann einige Attribute beanspruchen: Er ist ein Juwel, eine Schatzkammer der Schöp-

fung. Der Gott, der die Bäume macht, hat hier wahrhaftig ein volles Sortiment hinterlassen. Zählen kann man die Arten gar nicht, man kann nur andachtsvoll den Wasserweg hinauffahren, der jetzt streckenweise sehr schmal (und tief) wird, so daß sich die Baumkronen in unglaublicher Höhe von beiden Seiten her schließen. Und ich meine andachtsvoll: in diesem grünen, gewundenen Tunnel, der still ist und in dessen Lichtbalken kleine scharlachrote Vögel flattern. –

Wir kamen an eine Gabelung, wo rechts eine dämmernde Palaststraße auf einen riesigen Mapola-Baum zuführte, dessen glattpolierter Stamm, unten dick wie ein Möbelwagen, hoch oben in drei Blättertürme mündete, die, jeder für sich, in jedem Park Aufsehen erregt hätten. Während links – ich führe das Bild fort – eine ebenso geheimnisvoll dämmernde, aber eher noch gewaltigere Palaststraße von Strebepfeilern flankiert wurde, drei Etagen durchgehende grüne Plattformen tragend, die ihrerseits nur die Basis für weitere noch höhere Plattformen bildeten und für noch höhere unsichtbare. Das waren Banaks oder Tafelbäume, auch genannt Heuschreckenbäume, wegen ihrer Bewohner.

Es erschienen Gruppen von Copal, Paradiesbäumen, helle, grünsilberne Guacimo und Apamatebäume und düstere Gebirge des schwarzen Mahoe. Balsa, wilder Cashew, Guaromo, Panamatree, jeder eine Persönlichkeit, stark, kostbar, ja arrogant und hochmütig. Ich bin mir nicht sicher, ob sie wirklich so hießen und ob der gelbe Tafelbaum nicht in Wirklichkeit ein weißer Sapote war, ich schreibe dies aber in bester Absicht, und es gibt ja auch so etwas wie ein sinnliches Verständnis. Sie alle hatten sicherlich einen Grund, warum sie so aussahen, standen auf meterdicken Pfahlwurzeln, hatten wehrhafte Stämme mit langen scharfen Sporen, stützten sich ab mit riesigen dreieckigen Flügelwurzeln, pilzförmig, pyramidenförmig, waren in Etagen angelegt. Sie erfüllten die Bedingungen, die hier gegeben waren.

Es kam die Stelle, wo hinter einer vorspringenden Landnase der Rio Jacinto mündet. Ineinander sich verschiebende buschige Kulissen, eine Vielzahl von Wasserläufen, unübersichtlich, bis sich dann eine splendide Gerade auftut. Und dort am Ende stand er: Der große Yolk. Mit seinen gewaltigen Ausmaßen nahm er den Platz von mindestens zwanzig seiner Artgenossen ein. Eine Landmarke, ein Monument. Seine zusammengewachsenen Wurzeln hatten in weitem Umkreis eine Art hölzerne Plattform geschaffen, einen wulstigen Untersatz von der Größe eines Tanzbodens. Darauf stand er nun, unverrückbar, tausend Jahre, zweitausend Jahre. Als geballter holzgewordener Gedanke, der immer dasselbe dachte: stehen, stehen...

Und ich als Wurm fuhr da auf meinem Holzsplitterchen um seine Füße herum und dachte:

»Der große Yolk!«

Ja, und dann in der blaugrauen Ferne – ich hatte noch gar nicht zu Ende gedacht –, mit einem lautlosen Grollen im Dunst, dämmerte der ganz große Baum herauf. Aber das war zunächst nur eine Kontur, eine erleuchtete Linie am Himmel, Gipfel eines Silberberges. Der dann ein kühles Graugrün annahm, mehr und mehr wolkige Einzelheiten zeigte, einen von der

Sonne beschienenen Ast, sehr sehr hoch, wo er eigentlich gar nicht sein konnte. Ein Wipfel, mehrere Wipfel. Und dahinter, aus dem Dunst tretend, noch ein Hauptwipfel. Kontinente. Städte. Schauplätze blutiger Generationskriege, all das. Und ganz oben, noch höher als alles Bisherige, ein riesiges Astkreuz vom Umfang eines Segelschiffes, einsam, bedeutsam...

Das war der »Santa Maria«, der Größte, der Allergrößte. Der gewaltige Baum. Den ich hier sehen durfte. Danach konnte mich jedes menschliche Bemühen nur noch mit Mitleid erfüllen.

*

Es wurde schon dämmrig, weil die tiefstehende Sonne hier unten nicht mehr eindrang, die Wasser nahmen eine flaschengrüne Farbe an, wir fuhren in den Schatten hinein. Leben gab es hier sicherlich genug, aber es war still, es zeigte sich nicht. Ich sah nur manchmal kleine Hügel paarweise auf der Wasseroberfläche, Hügel, in denen je ein Auge steckte.

Als wir einen Einschnitt in der Uferwand passierten, kamen aus der gewölbten Öffnung, in der schon tiefe Nacht herrschte, ein paar Zwerge angelaufen; es waren die Bewohner von Campocito, welche dachten, das Bananenboot wäre angekommen. Standen da klein und braun auf dem Holzsteg. Hinten im Gewölbe in der Dunkelheit waren ein paar Binsenhütten zu erkennen, Behausungen von größter Bescheidenheit – ich hatte aber eine Sekunde lang die wahnwitzige Vorstellung, dort in einer offenen Tür das bläuliche Licht eines Fernsehempfängers gesehen zu haben. Das Unmögliche.

Wir bedeuteten ihnen, daß das Bananenboot noch weit hinter uns läge. Sehr weit (sehr, sehr weit).

Die Wasser wurden dunkler und tiefer, die Wände rückten zusammen, wir fuhren durch schwere, verlassene Korridore. Es war noch gar nicht so spät, aber hier in den unteren Etagen war es eben später. Das Grün wurde zum Schwarz, und nur ein gelegentlich hereinleuchtender gelber Stamm zeigte, daß dennoch Tag war. Über glatte schwarzseidene Straßen. Über Buchten, wo ungeheure, mit aufgebogenem Rand versehene Blätter schwammen, auf denen, wenn man genau hinsah, stille kleine Lebewesen saßen, Frösche, daumennagelgroße Wassermäuse, Schlupfenten. Alle sehr still.

Denn hier in der Tiefe, sagt man, wohnt der Gar, der Fleischfresser. Wenige haben ihn zu Gesicht bekommen, aber er wohnt dort. Der Gar ist lang und dünn, er hat ein spitzes Maul und Zähne wie ein Krokodil. Er ist der älteste, derjenige, der hier am allerlängsten überlebt hat. Ich nenne eine Zahl, neunzig Millionen Jahre, ich weiß nicht, ob sie stimmt, aber ich glaube, sie stimmt wirklich, älter sind nur noch die Küchenschaben. So mag er denn mit Nachsicht betrachtet werden, wenn er hier Hunde, Schweine, ja ganze Tapire angreift – –

Ich für meinen Teil zog besser die Hand aus dem Wasser. Es gibt hier übrigens auch Haie, den drei Meter langen Süßwasserhai, der bis zum Nicaragua-See hinaufschwimmt, und Krokodile, die gibt es hier natürlich auch. Aber die gibt es ja überall.

Es wurde nun wirklich dunkel, und Cristofo hatte sich inzwischen auf ein neues Benehmen eingestellt, ein wehleidiges, klagendes (wohin zielendes?) Grinsen. Er konnte nichts mehr sehen. Nichts mehr hören. Weder die Uferlinie richtig ausmachen noch die Richtung bestimmen. Und um welche Ecke solle er nun herumfahren?

»Nach rechts, Mensch, immer rechts«, erklärte ich ihm, »und dann links, immer links.« Tatsächlich befanden wir uns aber bereits auf der langgestreckten Lagune von Tortuguero, die nur durch ein paar verstreut liegende Inselchen im Dunkeln etwas unübersichtlich wurde. Und die Uferlinie konnte man auch ausmachen.

Wir hätten noch gut und gern eine halbe, sogar eine ganze Stunde weiterfahren können. Da tauchte hinter dem Ende einer Insel, die schon seit längerer Zeit den Fahrkanal sozusagen verdoppelt hatte, Tortuguero auf. Ein paar gelbe Lichter, ein Ufersteg und ein roter Schein zwischen den Bäumen. Und eine durch die Entfernung und durch den Nachtwind zerfetzte Musik, die dann eindeutig zu »Ai San Antonio, consega me una negra« wurde. Außerdem war hier die Landzunge wieder so schmal geworden, daß gleich hinter den schräg auf den Strand hinauswachsenden Kokospalmen die weißen langen Schaumkronen zu sehen waren.

Bis hierher und nicht weiter fuhr Cristofo.

Ich protestierte: »Erinnere dich, daß wir bis Colorado kommen wollten.«

Es sei jetzt zu dunkel.

»Dann erinnere dich, daß du das selber verschuldet hast.«

Er habe keinen Scheinwerfer.

»Wir werden weiterfahren, wir werden noch mindestens zwei Stunden weiterfahren«, erklärte ich ihm mit Bestimmtheit.

Er werde auf Grund laufen, er werde eine Insel rammen, sich an einem Baumstamm ein Leck schlagen. Er werde überhaupt auf jede Weise zu Tode kommen. Und er habe Motorschaden.

Der Motor spuckte.

– – –

Er spuckte schon wieder.

– – –

Und dann verprügelte ich Cristofo doch noch. Ich hatte eigentlich keinen Grund mehr, denn weiter hätten wir sowieso nicht fahren können. Ich stieß ihn vor die Brust, und er fiel auf seinen Steiß, aber so, daß es ihm hoffentlich sehr weh tat – von unten blickte er mich wortlos an, und ich sagte: »Ja, schrei du nur, das hast du dir ganz alleine selbst zuzuschreiben.«

9

Das Hotel »Tortuguero« war eine Holzhütte unten am Strand, wo in einiger Entfernung noch ein Abort in den Sand gesetzt war und wo man sich an der Außenwand unter einem Wasserhahn waschen konnte. Das Hotel selber bestand mehr oder weniger aus einem einzigen langen Raum, der durch dünne Trennwände aus Holzbrettern in Kubikel aufgeteilt war, gerade so groß, daß ein Bett und ein Stuhl darin stehen konnten. Die Trennwände waren aber nicht höher, als daß sie einem im Stehen knapp über den Kopf reichten, und ich konnte mir gut vorstellen, daß im vollbesetzten Haus ein ungeheurer Schnarchwettbewerb stattfand. Ungehindert von der hohen Wellblechdecke reflektiert. Wie die Dinge aber lagen, konnte ich froh sein, überhaupt einen Schlafplatz gefunden zu haben; ich hatte mich schon zwischen zwei Pfählen am Strand logieren sehen.

In der Mitte des Raumes war ein schmaler Durchgang ausgespart, und von hier aus gingen – ich zählte ab – sechs Türen nach rechts und sechs Türen nach links. Es gelang mir auch, einen Blick über die Trennwand zu werfen, nicht daß ich es darauf anlegte, aber es ergab sich, als ich einmal aufs Bett stieg: Direkt mir gegenüber lag ein Mann mit Hut und dunklem Schnurrbart auf dem Bett und begegnete meinem Blick müde. Die Kammern rechts und links neben mir waren unbesetzt, weiter hinten konnte ich nichts sehen, aber auch dort waren noch zwei von ihnen beleuchtet.

Übrigens nur durch Kerzen – elektrisches Licht gab es im Hotel »Tortuguero« nicht.

Ich ging dann noch aus, um zu Abend zu essen. Fand einen Verschlag mit festgezimmerten Bänken vorn am Landungssteg, wo sie mir ein gebratenes Tier auf den Tisch warfen, von dem ich mir eine Portion herunterschneiden sollte. Es war ein Tepisquintle, oder jedenfalls hörte es sich so an. Geschmeckt hat es aber hervorragend.

Im übrigen war ich hundemüde und legte mich bald schlafen. Die Loyola legte ich unter das Kopfkissen und mein Gepäck, das aus der Schachtel mit der Munition bestand, auf den Stuhl. Ich blies die Kerze aus, drehte mich auf die Seite, hinten im Raum schnarchte schon jemand.

Ich war mit meinem Traum – einem Abfahrttraum mit dem Zug nach Winetka über Wilmette – noch nicht recht vorangekommen, als ich draußen die »Ilheo« eintreffen hörte. Ich muß ganz darauf eingestellt gewesen sein, denn ich wachte sofort auf. Langatmiges Maschinengestampfe, ein paar Rufe, das Scheuern am Anlegesteg – es waren ja nur knapp hundert Meter hinüber zur Lagune. Und dann, als alles ruhig wurde und gar nichts mehr geschah, drehte ich mich auf die andere Seite und versuchte, mein Gepäck wiederzufinden, das ich in Winetka, nein, in Wilmette stehengelassen hatte. Die Lokomotive war rot und blau angemalt, roch eigenartig im Traum.

Und dann wurde eine Tür aufgerissen, der Boden erschütterte, ein schweres Wesen kam den Gang entlang und besetzte die Kammer rechter Hand. Warf sich aufs Bett, das offenbar direkt neben meinem stand, denn mein Bett senkte sich merklich. Dann stand das Wesen wieder auf, und mein Bett hob sich, ging noch einmal hinaus, den Gang entlang und schwer durch die Tür. Später plätscherte draußen Wasser, ich hörte ein Fluchen, anscheinend fand die Einrichtung keinen Gefallen. Die Tür wurde wieder aufgerissen, der Boden erschütterte, ein im Gang stehender Eimer fiel scheppernd um; jemand rief halblaut: »Silencio«, aber es war wirklich sehr halblaut und der Effekt gleich Null, denn der Eimer schepperte daraufhin gleich noch einmal den Gang entlang. Dann stieß jemand gegen mein Bett, ich hatte die Augen geschlossen und dachte, nun ist es soweit, aber es war nur ein Stoß von nebenan. Und dann – dann wurde eine Hose über die Trennwand geworfen, eine braune Hose, die mir durchaus bekannt war, und zwar ehemals in weißem Zustand mit schwarzen Nadelstreifen. Sie hing da zum Trocknen mit den Hosenbeinen halb auf meiner Seite.

Ich gestehe, ich hatte es versucht, es war mir nicht gelungen: Ich lag Wand an Wand mit Bag! Mein Bett senkte sich, hob sich etwas, senkte sich dann noch tiefer, es gab überhaupt keinen Zweifel, ich würde hier, nur durch eine dünne Bretterwand getrennt, Seite an Seite die Nacht mit Bag verbringen – wahrscheinlich war sein kahler Kopf nur dreißig Zentimeter von meinem entfernt. Was hätte ich tun sollen?

Rausschleichen, damit ich mich verdächtig machte, die Nacht im Freien verbringen, damit er mich morgens am Strand fand?

Nein, hier liegen und das Maul halten, das ist es, was ich halte, und ich bin völlig unsichtbar. Außerdem ist das Bett bezahlt.

So begann eine der heißesten Nächte; eine noch heißere habe ich nur noch sehr viel später in Rom erlebt, als ich mich auf dem schrägen Dach eines sechzehnstöckigen Hotels festbinden mußte, um nicht abzustürzen – aber das gehört einem anderen Leben an.*

*

Mit der Hand an seinem Hals forderte ich ihn auf, mir die fünfzigtausend zurückzuzahlen.

Was für fünfzigtausend.

Na Mensch, die fünfzigtausend, brüllte ich ihn an, die Sie mir jetzt zurückzahlen werden!

Sie bringen ja alles durcheinander, sagte er merkwürdig ruhig, im Traum sah Bag eher aus wie Meister Proper. Ich sagte: Sie sind ein ganz unangenehmer Kunde – – –

Als ich aufwachte, herrschte schon graues Licht über den Trennwänden; es kam von oben her, wahrscheinlich war das Dach nicht ganz dicht. Von Morgenkühle keine Rede, es war heiß. Und nebenan schnarchte jemand dreißig Zentimeter von meinem Ohr entfernt, ich konnte die tiefen Töne deutlich durch die Bretterwand fühlen. Hören konnte ich sie sowieso, sie waren ja laut genug, ich konnte sie aber auch mit der Hand wahrnehmen. Hat mich der Armleuchter also aufgeweckt, dachte ich.

Es war, nach dem Licht zu urteilen, etwas nach fünf. Draußen gaben die Kiss-ma-rees ihre morgendlichen kleinen frechen Töne von sich – sie sitzen in den

* s. Hawk Steen »Con Man«.

Kokospalmen, ich habe sie nie gesehen, aber es sind die freundlichsten Laute, die ich kenne. Fünf Minuten wollte ich mir noch geben, der Schlaf hatte mich erschöpft, ich lag ausgestreckt auf dem Rücken und hatte wenig Neigung, mich zu erheben.

Bis mein Blick auf den Beutel fiel.

Ich dachte: Was ist denn das für ein grauer Beutel, der da hängt, den habe ich doch bisher nicht gesehen. Hing da an der Wand gleich neben der Hose – die inzwischen getrocknet war, aber auch nicht besser aussah –, von meinem Kopf aus gerechnet ungefähr einen Meter über mir.

Und als ich noch überlegte, warum mir der Beutel ein solches Unbehagen bereitete, denn wer hatte ihn denn hingehängt und warum, und was war das für ein unbehagliches Ding – – fing das Ding auf einmal an zu laufen. Aiiiih, geschrien habe ich nicht, hätte ich gar nicht gedurft, aber innerlich! Und zwar so laut, daß mir das Plasma gerann (alles flüssiges Eiweiß) – ich war auf der Stelle gelähmt, vollkommen paralysiert.

Ich darf hier feststellen, daß mich gar keine rationale Angst gepackt hatte. Meines Wissens waren diese großen grauen Spinnen wirklich gefährlich: Die Biester stechen, zwar nicht tödlich, aber doch immerhin so, daß die Leute wahnsinnig werden, sie brüllen und halten sich für geteilte Menschen. Schlimm genug, aber das war es gar nicht – wie soll ich es erklären –, es war die Bewegung an sich, dieses Rutschen an der Wand, dieses rapide Heranrutschen, so als ob es gleich in mein innerstes Innere gehen würde. Die Urangst, der Finger am Herzen.

Bis knapp über meinem Kopfkissen, da stand sie

still – ich konnte die spitzen grauen Gelenke ihrer acht Beine sehen, die merkwürdig tütenförmig ineinandergeschobenen Freßwerkzeuge. Und dann – ich weiß nicht, ob ich sie vielleicht besonders ätzend angeatmet hatte, mit einem Angsthauch, einem Adrenalin-Gas –, jedenfalls rutschte sie plötzlich wieder nach oben. Verharrte. Rutschte dann noch ein Stück hinauf und über die Hose. Saß da mitten auf der braunen Verunreinigung, als ob sie da hingehörte, nein, besser, als ob sie eigentlich die ganze Schweinerei verursacht hätte.

Und ich immer noch gelähmt.

Sie hätte ja wieder herunterrutschen können. – Während all dieser Aufregung hatte Bag nebenan weitergeschnarcht. In beneidenswert tiefer und gelassener Tonlage. Er sprach im Schlaf: Laß ihn aufkommen – – laß ihn ruck – – ruck. Weiß der Teufel, was er da für Taten vollbrachte, während die graue Riesenspinne, die den Wahnsinnsbiß in sich trug, auf seiner Hose saß. Und täuschte ich mich, grinste sie zu mir herunter? Oktopoden haben ja ihre Physiognomie an einer ganz anderen Stelle, als man vermutet; das, was man als Gesicht zu erkennen glaubt, ist meistens irgendeine Spinndrüse oder ein Geschlechtswerkzeug. Bag gab unterdessen einen feinen pfeifenden Ton von sich, den ich dem Mann gar nicht zutraute, und das hätte er vielleicht auch nicht tun sollen. Denn die Spinne setzte daraufhin die vier oberen Beine in Bewegung, spannte sich – das sah wie eine Erwartungshaltung aus –, dann verschwand sie über die obere Kante der Trennwand.

Die Spinne war zu Bag hinübergeklettert.

*

Was dann drüben auf der anderen Seite geschah, konnte ich mir nur vorstellen. Vielleicht gar nichts, vielleicht gräßlichste Horrorvision: Bag mit geöffnetem Mund und die Spinne als Mütze. Vielleicht hat sie ihm den Wahnsinnsbiß verpaßt, ich habe es nie erfahren. Ich für meinen Teil stieg sehr vorsichtig aus dem Bett, steckte die Loyola in den Gurt und verbarg die Schachtel mit der Munition (die aneinanderklingelte) lose in der Jacke.

Öffnete sehr vorsichtig meine Tür, als Bag aufschnarchte und unwillige Laute von sich gab: Guaff gaff – – ruck – Laß doch! Jetzt, so dachte ich mir, wird sie in Angriffsstellung über seiner rechten Braue verharren. Auf dem Gang wäre ich fast gegen den umgekippten Eimer gelaufen, der im Liegen leise vor sich hin schepperte. Ich verharrte, ein Bein erhoben. Bag sagte hinter seiner Tür:

»Orrghh, was hast du – – Orrggh –«

»Gar nichts«, antwortete ich ihm, »ich habe überhaupt nichts.«

Draußen war es schon vollkommen hell, ein wunderbarer Morgen, perlfarbener Himmel über der leisen Dünung, salziger Strandgeruch. Ich durchquerte den Palmengürtel zur Lagune hin, wo noch keine Seele aufgestanden war, doch eine, ein braunes viereckiges Weib saß auf den Stufen. Das Boot lag weiter aufwärts einige Längen vom Ufer entfernt an einem Pfosten im tiefen Wasser vertäut. Ich dachte, als ich hinüberschwamm, ihn dort im Boot schlafend anzutreffen. Aber das war nun sein Pech, daß er sich woanders, wahrscheinlich zu einem viereckigen Weib schlafen gelegt hatte. Und ich empfand auch keine Gewissensbisse, keine eigentlichen, da ich mir vornahm, das Boot zurückzubringen.

Das möchte ich jetzt betonen, ich bin ja kein Verbrecher. Allerdings als der verdammte Motor so gar nicht anspringen wollte und spuckte und stotterte – möglicherweise war er tatsächlich defekt – und auch noch über die halbe Lagunenbreite hin weiterspuckte, sah ich mich schon die ganze Gegend aufwecken (und was machen sie hier mit Bootsräubern). Aber dann, mit einem Aufstoßen, schnurrte der Motor ruhig vor sich hin, als wenn nichts gewesen wäre – – lief da plötzlich wie ein kleiner Liebling.

Also, ich gab ihm Küßchen auf die Motorhaube und einen kleinen Klaps auf das geteerte Hinterteil. Und dann hinter der nächsten Landzunge drehte ich auf, legte ich den Hebel um, und zwar ganz bis zum Anschlag! Und Rooaaarrrrrhh – – – haha, was ist das Glück auf dem Rücken der Pferde, nichts! Ich brüllte:

»Nichts ! ! !«

Nichts im Vergleich zu diesem steil aufgerichteten Wahnsinn früh um sechs unter dem perlfarbenen rosigen Himmel auf der Lagune von Tortuguero, die selber als perlfarbener Himmel daliegt und in den ich einschneide wie ein Wahnsinn. Welch Glück, welch geschenktes Leben!

Ich rase um die Punta herum, in die breite Öffnung des Rio Tortuguero hinein, der hier, aus der Tiefe des Landes kommend, in die Lagune mündet. Rase noch ein paar Meilen die spiegelnde Fläche aufwärts, zwischen schwimmenden Inseln von Seekohl und Wasserhyazinthe hindurch und die Schnurgerade hinan, wo ursprünglich einmal ein Pfahldorf gestanden hatte und sich jetzt nur noch Wildnis ausbreitet, und dann drossele ich ab. Zu heiß?

Ich bin nicht uneinsichtig, von nun ab würde ich den Motor schonen und kräftig Benzin sparen. Ich hatte vor, den Rio Tortuguero hinaufzufahren, und das bedeutete, daß ich mich im rechten Winkel von der Küste und ihrem Lagunensystem entfernte. Den Windungen des Flusses folgend, würde ich in gänzlich unbewohnte Gebiete vordringen, in die unabsehbaren Waldregionen entlang der nicaraguanischen Grenze – ich hatte diese Wälder vom Flugzeug aus gesehen, eine dichte grüne Wolldecke ohne Unterbrechung bis zum Horizont, kein Mensch verirrte sich jemals hierher. Ich dachte an Fische, die ich mit der Schnur fangen würde; an den Guaromo, den Milchbaum, der, angeschlagen, eine dicke weiße Flüssigkeit produziert, die man trinken kann, und von dem man sagt, daß er in früheren Tagen und zur richtigen Jahreszeit die Sklaven fett gemacht hat. Im übrigen bedauerte ich, daß ich es versäumt hätte, meine Garnitur einzustecken, das Überlebensmesser mit dem eingebauten Kompaß, die bleistiftgroße Hängematte, die Gamaschen und die Drahtsäge. Wie die Dinge lagen, würde ich vom Punkt Null beginnen müssen; ich vertraute aber meiner Findigkeit, mit der ich wohl in der Lage war, ein paar Hilfsgeräte zu bauen, einen Fischstock, eine Leiter zum Erklimmen von Brotfruchtbäumen. Oder ein Binsendach, wenn es regnete.

Und dann hatte ich ja auch noch die Loyola mit dem ganzen Kasten Munition, so daß ich mir, wenn es darauf ankam, auch ein Tepisquintle schießen konnte, von dem ich wußte, wie gut es schmeckte – ich wußte zwar nicht, wie es aussah, würde es aber erkennen, wenn es mir über den Weg lief. Ein Hase? Fuchs, Hund oder Schwein? Jedenfalls ein etwas längliches Tier, soviel hatte ich als aufmerksamer Esser feststellen können, und immerhin mußte es in dieser Gegend beheimatet sein.

Der Tag hatte gut begonnen, ich war voller Zuversicht. – Heute glaube ich übrigens, daß es doch ein Gürteltier war.

*

Gegen Mittag steuerte ich das rechte Ufer an. Es hatte sich hier eine kleine Bucht mit einer Sandbank gebildet, und ich dachte, das könnte ein guter Platz sein. Ein bleicher, geschälter Stamm lag wie ein gewaltiger Skelettknochen im Wasser. Vorne stand hohes Gras, hinter ihm erhoben sich mehrere Kugeln von Sumpfpalmen, und wenn mich nicht alles täuschte, gab es dahinter eine Anhöhe, die mir trocken zu sein schien; dort konnte ich Hartholzbäume ausmachen sowie ein fleischiges Gewächs mit einem glatten dunkelgrünen Stamm, mein Milchbaum?

Ich beschloß, das Terrain zu sondieren. Watete durch das mannshohe Gras, das mir teilweise bis zum Scheitel reichte. Vor Raubtieren brauchte ich mich nicht in acht zu nehmen, es gibt zwar den Leoparden, den sie hier Cougar nennen, und es gibt auch andere gefleckte Katzen, den Ozelot mit der hübschen Kopfzeichnung, den Jaguar und den Jaquaroundi, aber das sind alles Nachtjäger; jetzt am hellichten Tag würden sie kaum im Gras herumschleichen. Allerdings hatte ich das Glück, gerade auf die Stelle zu stoßen, wo sich eine granze Nation fliegender Ameisen einquartiert hatte. Und tiefer im Dickicht trat ich auf ein Nest von Tausendfüßlern, die mich dann auch noch in Panik versetzten, obwohl sie ganz sicherlich harmlos waren, es war nur die Größenordnung (schuhgroß).

Aber auf der Anhöhe fand ich dann recht angenehme Verhältnisse vor. Hier oben gab es Licht und Schatten. Ein grasartiges Polster, unserem Fettkraut nicht unähnlich, bedeckte alles in weichen Wellen, Felsstücke, Wurzelknorren, den Stumpf eines herabgebrochenen Riesenbaumes. Eine bewegte grüne Teppichlandschaft. Hier, konnte ich mir vorstellen, bot sich der Platz für eine Behausung; ich konnte sie sogar schon ziemlich deutlich sehen: Ein Knüppelboden, ein paar Stämme in die Ecken gesteckt, ein paar Querlatten und darauf eine dicke Lage Palmblätter, das Material war ja gleich nebenan vorhanden. Und auf Schönheit brauchte ich hier auch nicht zu verzichten.

Das einzige, was mir jetzt noch fehlte, war eine Axt.

Aber bei meiner Zuversicht hätte ich mir auch diese noch ausdenken können, etwa indem ich eine Kilomuschel verwandte oder den zersplitterten Beckenknochen irgendeines größeren Tieres. Ich sondierte dann noch im weiteren Umkreis, ob ich vielleicht auf eine Quelle stieß, Wasser war sowieso im Fluß vorhanden, sonst fand ich aber nur stehende Tümpel. Wild bekam ich nicht zu Gesicht, keine Grisons, Pacas, auch keine Affen, dagegen konnte ich auf einer lehmigen Flanke, die zum Fluß hinunterführte, Abdrücke von Tapirhufen oder Tapirfüßen ausmachen, es mochten auch Spuren von Peccaris gewesen sein, weißlippige Peccaris, genau waren sie nicht zu identifizieren. Peccaris übrigens, schweineartige hübsche Tiere, sollen hier die einzigen sein, die dem Menschen wirklich gefährlich werden können; sie treten in Rudeln auf und reißen ihn einfach um.

Ich ging dann zurück zu meiner Anhöhe. Anbaumöglichkeiten, wo ich etwa ein paar Bananenschößlinge hätte setzen können, sah ich auch. Allerdings waren nirgendwo wilde Bananen zu entdecken, obwohl sie hätten da sein müssen – immerhin gibt es in Costa Rica einhundertfünfzig freiwachsende Sorten –, und meinen Milchbaum hatte ich auch noch nicht gefunden.

Es kam dann ein Schock. Während meines Erkundigungsgangs war da ein Kaninchen aufgetaucht, oder ich hatte zumindest geglaubt, eines hinter einem Stein zu sehen, und hatte blitzartig in beidhändigem Anschlag auf sieben Meter einen Schuß aus der Loyola abgegeben – und dann war da nur ein Stein gewesen. Jedenfalls wollte ich die Loyola nachladen und mußte zu meinem Entsetzen entdecken, daß die Munition nicht paßte: Ich hatte die Schachtel mit den 357er-Patronen mitgenommen, die für die Magnum – nur daß ich eben die Magnum nicht mitgenommen hatte (die lag zweihundert Meter nördlich vom Gymnasium).

Ich habe eine volle Stunde auf der Anhöhe gesessen und auf meine falschen Patronen gestarrt, während vor meinem geistigen Auge die braungesottenen Wildbraten in endloser unerreichbarer Kette davonzogen – ich zeichne dieses fröhliche Bild, obwohl mir zum damaligen Zeitpunkt alles andere als fröhlich zumute war. Mit nur noch fünf Schuß zu meinem Lebensunterhalt. Einer gewissen Wahrheit konnte ich mich daher nicht mehr verschließen, daß ich vielleicht doch keine so großen Voraussetzungen für die Wildnis mitbrachte. Alles in allem. Und wir wollen ehrlich sein, im Endresultat konnte ich ja noch nicht einmal sagen, auf welcher Seite hier das Moos wuchs.

*

So war es fast schon eine Erleichterung, das wohlbekannte Motorengestampfe zu hören, leise und verweht zunächst, dann lauter, bis schließlich die gute alte »Ilheo« wieder einmal um die Flußbiegung schwenkte. Es war nicht ganz glaubhaft. Ich saß hier weltfern auf meinem Hügel, den seit Generationen kein Mensch mehr betreten hatte; hundert Meilen, tausend Meilen, was sag' ich, zehntausend Meilen von jeglicher Verkehrsroute entfernt. Und hier kam es um die Ecke: Das Bananenboot.

Auf mich wartete aber noch eine Überraschung. Sehen konnten sie mich hier nicht, und mein Speedboot konnten sie auch nicht sehen, so wie es da hinter dem Baumstamm lag – man erinnert sich an den gebleichten skelettartigen Klotz –, oder doch, wenn sie genau hinschauten, konnten sie es doch entdecken. Aber anlegen konnten sie hier nicht, dazu war das Ufer viel zu flach und sumpfig. Deshalb war ich eigentlich ganz gelassen und schaute dem überlangen und meiner Ansicht nach für diese Gewässer völlig ungeeigneten Gefährt zu, wie es mit starkem Seitwärtsdrall, schräg, mehr treibend als fahrend, vorbeizog. Wobei ich ihm eine gewisse exotische Schönheit nicht absprechen wollte: Quer und als Brücke hätte es sich vielleicht nicht schlecht gemacht.

Wovon es übrigens nicht sehr weit entfernt war, kam zusehends schräger herein – – es dauerte eine Weile, und es war wohl auf meine völlig unbegründete Gelassenheit zurückzuführen, daß ich so spät darauf kam: Die »Ilheo« vollführte ein Landemanöver! An diesem Ufer! Stellte sich schließlich vollends quer und bohrte bizarr und ganz bestimmt gegen jede Regel den Bug in den Schlamm.

Donnerwetter.

Und dann kam es Schlag auf Schlag: Der Steuermann, der da im Häuschen stand und wild das Steuerrad drehte, das war kein anderer als – – Bag! Quadratisch das ganze Häuschen ausfüllend! Und Passagiere waren auch nicht vorhanden, nur ein paar Säcke und Ballen, die da herumlagen, die »Ilheo« war leer. Mein Gott, dachte ich, er hat es getan.

Bag völlig außer sich. Ich konnte sogar den roten Blutdruck sehen, den er im Gesicht hatte, und die geschwollene Stirnader – offenbar war er mit seiner Steuerkunst nicht ganz zufrieden. Um aber einen Vergleich zu ziehen: Ich hatte mir ja schon wunder was auf mein gestohlenes Boot eingebildet, aber was Bag sich da unter den Nagel gerissen hatte, das war dann doch eine andere Größenordnung! – Nur um einmal die Proportion zu zeigen.

Er sprang, gleich als der Bug vorn festsaß, mit dem Gewehr in der Hand und in völliger Konzentration von Bord. Er sprang aber nicht ins Wasser, sondern auf den aus dem Wasser ragenden Baumstamm, der auf seinen Seitenästen wie auf Pfählen ruhend über das Uferdickicht führte. Rannte diesen Steg entlang, und wie behende er das tat, dafür konnte ich ihn nur bewundern. Ich dachte: Das hätte ich schließlich auch tun können, anstatt mich durchs mannshohe Gras zu schlagen – aber schließlich hatte ich seine Gewandtheit schon aus früheren Indizien erkannt, ein Körperidiot war er sicherlich nicht. Rannte wie ein Baummarder über den glatten Stamm, bis zum Ende, wo dieser mit einem zersplitterten Maul über den Uferrand ragte.

Den lehmigen Uferrand.

Sprang dort ebenso behende herab – – oder in diesem Fall doch nicht so behende, denn er mußte auf den falschen Fuß gekommen sein, flatterte da plötzlich durch die Luft – unten auf dem Lehm rutschte er nochmals aus, und dann ereignete sich die ganz fürchterliche Katastrophe, er erschoß sich im Aufprall. Mein Gott. Hatte das Gewehr so verquer im Winkel gehalten, daß er sich mit dem Lauf an den Kopf fuhr, dabei muß er wohl abgedrückt und sich erschossen haben.

Jedenfalls sah ich ihn tot auf dem Rücken liegen.

Alle viere von sich gestreckt.

Dachte: Nun ist er hin, nun hat er sich hingemacht, der Experte hat sich sozusagen selbst einen professionellen Dienst geleistet, ja, als er aber schon wieder aufstand.

*

Was hätte ich jetzt noch anderes tun können, als mich seitwärts in die Büsche zu schlagen. Im letzten Augenblick sah ich noch den diesmal wirklich derangierten Bag heraufttorkeln, nicht nur in brauner Hose, sondern jetzt auch noch in braunem Jackett, und mit seiner linken Kopfhälfte war auch etwas passiert: Da war alles voller Soße und sah nicht gut aus. –

Ich handelte dann völlig planlos, lief erst in ein Unterholz, das so dicht war, daß ich mich festrannte, schwang mich an ein paar Querästen entlang, keuchte, schnaubte, sprang (und schüttete Adrenalin aus). Später beruhigte ich mich dann etwas und wanderte am Ufer entlang, dicht am Fluß war es noch am einfachsten voranzukommen. Ohne darüber nachzudenken, hatte ich die Richtung Tortuguero eingeschlagen, über sechs Stunden war ich gefahren, und so wie die Dinge lagen, würde ich für den gleichen Weg zurück sechs Tage benötigen.

Meist war es eine Art Schilf oder Röhricht, durch das ich watete, dazwischen kurze sandige Abschnitte, dann wieder mußte ich ohne Ende über Wurzelstämme und umgestürzte Bäume steigen. Darüber und darunter hindurch, bis zu den Knien im Dreck, Arme und Beine zerschunden, auf dem Kopf ein halbes Vogelnest. Bis ich schließlich zu der Erkenntnis kam, daß ich auf diese Weise nicht sechs, sondern sechzig Tage benötigen würde.

Einmal – ich befand mich im Pfahldickicht eines ausgedehnten Bambusfeldes – hörte ich draußen das vertraute Stampfen und sah die »Ilheo« zwischen den goldgrünen Stämmen sanft dahingleiten, das machte mir auch keinen großen Mut. Nach meiner Berechnung hatte ich insgesamt nicht mehr als eine halbe Meile zurückgelegt (es waren dann bloß hundert Meter gewesen, und wenn ich das gewußt hätte, wäre ich auf der Stelle zusammengebrochen).

Nach einer Weile kam die »Ilheo« wieder zurück, vertraut stampfend, Bag furios am Steuer und sich den Hals nach mir ausrenkend – er renkte ihn sich sogar nach beiden Seiten aus, da er anscheinend damit rechnete, daß ich in meiner Fuchsschläue den Fluß durchschwommen hatte, um auf der anderen Seite zu verschwinden. Weil er dachte – um das jetzt voll durchzuziehen –, daß ich vielleicht denken mochte, daß er nicht damit rechnete, er rechnete aber doch damit; darauf hätte ich allerdings auch selber kommen können.

Ich stolperte dann noch eine Weile durch einen völlig unpassierbaren Filz, der mir bis zur Brust ging, wobei mir zunehmend klar wurde, daß es hier Schlangen gab – das ist mir immer klar gewesen, nur ist das Bewußtsein, das Bewußt-Machen eine oft größere Gefahr als die Gefahr selbst. Ich rede hier gar nicht von der Boa, auch nicht von der sehr giftigen Korallenviper oder der lautlosen Klapperschlange (sie klappert hier tatsächlich nicht), nein, wenn ich von der Brust abwärts unsichtbar bin und nicht sehen kann, was unter meinen Füßen ist, dann denke ich an – – an – – dann denke ich an die furchtbare Fer-de-Lance! Zufällig auf eine Fer-de-Lance zu stoßen, bedeutet absolutes Todesurteil, und dieses Urteil ist zwei bis drei Meter lang und trägt eine dunkle V-förmige Zeichnung über seine ganze Länge. So schaute ich eigentlich immer nach V-förmigen Zeichnungen aus, immer mit einem kleinen eisigen Gefühl in der Wirbelsäule: V-förmige dunkle Blätter, Astgabeln, ich habe es bisher vermieden, darüber zu sprechen. Das Übelste ist, daß die Fer-de-Lance zur Paarungszeit äußerst aggressiv wird; sie attackiert dann von sich aus – im Gegensatz zu anderen Schlangen, die ja eher davonlaufen. Sie hat schon Menschen verfolgt, regelrecht zu Tode gejagt, und wer kann schon wissen, wann Paarungszeit ist. Und wann nicht.

Im Hinblick darauf wird es dann nicht verwundern, wenn ich es schließlich für ratsam hielt, doch wieder zum Boot zurückzukehren; oder zu den Booten, denn es waren ja jetzt zwei, wie ich mir überlegte, und Bag konnte nicht mit beiden Booten zur gleichen Zeit fahren.

Die Situation zeigte sich dann überraschenderweise günstig, als ich wieder auf meiner Anhöhe angelangt war – diesmal von hinten über eine Böschung. Ich sah unten das Speedboot friedlich an der alten Stelle am Skelettbaum vertäut, von der »Ilheo« weit und breit keine Spur; Bag mußte inzwischen angenommen haben, daß ich mich nicht flußabwärts, sondern -aufwärts gewandt hatte, und war nun selbst wahrscheinlich im Begriff, in weiße unerforschte Flecken vorzustoßen. Dazu konnte man ihm nur Glück wünschen.

Nun machte ich mir nichts vor und näherte mich dem Boot mit einigem Vorbehalt, denn ich nahm an, daß er es auf die eine oder andere Weise unbrauchbar gemacht hatte. Watete durch das seichte Wasser, während ich den hochaufragenden schwarzen Motorblock mit großem Mißtrauen betrachtete, wobei dieser eigentlich einen ganz unversehrten Eindruck machte. Ich meine unversehrt im Sinne von unberührt; wie es drinnen aussieht, sagte ich mir, wird sich noch herausstellen. Der Motordeckel war nicht ganz geschlossen, wenigstens zeigte er seitlich einen Spalt, der aber auch schon vorher da gewesen sein mochte, also ich schaute da noch etwas genauer hin, mit noch größerer Konzentration.

Da stand Bag auf.

*

Ja, der hatte eigentlich gar keine besondere Eile gehabt, richtete sich im Boot auf und stieß mir den Gewehrlauf in aller Ruhe unters Kinn:

»Freeze!« (Erstarre! Eigentlich erfriere, erstarre zu Eis!)

Ich erfror, er grinste.

Und wie sah der Mann aus, mein Gott, der ganze Hals war schwarz von geronnenem Blut, der Hemdkragen, die Schulter voller Blutkuchen, und das linke Ohr fehlte.

»Jetzt brauchst du nur noch zu niesen«, sagte er, »dann hast du es gehabt.«

Ich stand stocksteif, das Kinn stützte er mir sozusagen von unten mit dem Gewehrlauf, so daß ich noch etwas länger wurde.

»Und ich würde dir auch nicht raten zu nicken!« grinste Bag häßlich (sein linkes Ohr war nicht vorhanden, die Krawatte, wo war seine Krawatte), »verstanden!«

Ich hatte verstanden, aber ich nickte nicht. Ich hatte noch nicht einmal das Bedürfnis, Luft zu holen, statt dessen fühlte ich unten kleine Fische an meinen Beinen knabbern. Bag nahm mir mit sicherem Griff die

Loyola ab, betrachtete sie und warf sie dann nachlässig ins Wasser. Die Schachtel mit den Patronen betrachtete er auch, steckte sie sich aber ein, das war meiner Ansicht nach falsch, denn sie paßten zwar nicht in meine Waffe, aber bestimmt auch nicht in seine.

Er stieg aus dem Boot und zog mich sozusagen am Kinn zum Ufer hin. Dort angekommen (mit meinem Leben), marschierte er mich flußaufwärts durch ein Uferwäldchen aus langstämmigen Silberbäumen, gar nicht sehr vorsichtig und mich kräftig am Kinn abstützend – ihm tat es ja nicht weh, aber mir –, und ich, immer noch lebend, folgte auch der leisesten Hebung und Senkung dieser eisernen Stütze. Dann blieb er stehen.

»Die Schuhe!«

Ich blickte mit nach unten gedrehten Augen auf meine Schuhe und konnte es nicht verhindern, dabei auch die seinen wahrzunehmen, bronzefarbene italienische, die sich jetzt allerdings in erbarmungswürdigem Zustand befanden; bei dem einen war die ganze Kappe weg, und die Sohle klaffte, und der andere war seitlich völlig aufgeschlitzt, so daß sein Träger sozusagen barfuß daneben stand.

»Die Schuhe«, brüllte er, »zieh die Schuhe aus!«

Das sah dann so aus: Während ich mich bückte, um mir die Schuhe auszuziehen, bohrte er mir den Gewehrlauf zum Ausgleich in den Nacken; dann stieg er in aller Ruhe in meine Schuhe – anscheinend paßten sie sogar –, und danach überlegte er eine Weile und ließ mich schließlich die seinigen anziehen...

»Halt!«

Ich hielt inne. Ich befand mich jetzt wieder in aufgerichteter Stellung, und er bohrte mir den Lauf wieder unters Kinn.

«Kannst du mir einen Grund nennen«, fragte er ernst, »warum ich dir jetzt nicht das Schädeldach fortblase, gleich hier?«

Ich dachte fieberhaft nach und versuchte, mir einen plausiblen Grund einfallen zu lassen, und dann sprach ich sehr kloßig, damit ich das Kinn nicht zu bewegen brauchte.

»Ich könnte Sie zu der Stelle führen«, sagte ich, »wo ich fünftausend Dollar versteckt habe.«

»Und wo soll das sein?« Er war eigentlich ganz gemütlich.

»In Limon.«

»In Limon?« Er grinste.

»Es sind sogar zehntausend«, sagte ich vorsichtig.

Er grinste daraufhin stärker, anscheinend hatte ich hier einen humoristischen Nerv angerührt, einen verborgenen.

»Zwanzigtausend?« fragte ich noch vorsichtiger.

»Zwanzigtausend!« brüllte er, er japste, »daß ihr doch immer dieselben Späße machen müßt!« Dies war anscheinend sein Tag, heute, und dann barsch: »Los, Schuhe anziehen!«

Also zog ich die Schuhe an, mit denen wirklich nicht mehr viel los war; sie hatten auch den ganzen Glanz verloren, und die Trittfestigkeit war gleich Null. Als ich wieder hochkam und nun in den italienischen stand, die auch noch zu klein waren (oder war das die Mode?), betrachtete er mich aufmerksam und sagte:

»Nein, einen anderen Grund, denke dir einen anderen Grund aus!« Dabei trat ein versonnener Ausdruck in sein Gesicht – das eigentlich keines mehr war, seien wir ehrlich.

»Es gibt einen«, sagte er.

*

Die »Ilheo« hatte er ein Stückchen weiter flußaufwärts in die Mangroven gefahren, er hatte sogar einen Brükkensteg ausgelegt, eine Holzplanke zum Ufer hin. Wie er allerdings mit der »Ilheo« aus dem Dickicht wieder herauskommen wollte, war mir nicht ganz klar. Doch haben diese Flußveteranen ja einen ganz gewaltigen Rückwärtsgang; die Schraube läuft in einer Art Gitterkäfig, so daß sie sich nicht in den zahlreichen schwimmenden Inseln oder in den am Grund festgewachsenen Schlingpflanzen verhaspeln kann. Und auch der Kiel ist eine sinnreiche Konstruktion, er schneidet nicht eigentlich ein, sondern schiebt sich von oben drauf, wie ein Eisbrecher, vorne und hinten. Solche Gefährte sind deshalb auf den tropischen Urwaldströmen nicht so leicht zu schlagen.

Er dirigierte mich seitwärts und, vorangehend, über die Laufplanke, die heftig wippte, so daß ich starke Befürchtungen hatte:

»Seien Sie bloß vorsichtig, Mann, sonst schießen Sie mir am Ende doch noch das Dach ab.« Das fand er komisch.

Hier oben an Deck sah die »Ilheo« tatsächlich so aus, als wären die Passagiere eben für eine halbe Stunde an Land gegangen. Da lagen noch Kisten und Kasten und Körbe auf den Sitzen, ich sah sogar zwei Hüte. Bag mußte die ganze Gesellschaft offiziell von

Bord gebeten haben, anders konnte ich mir das nicht erklären, vielleicht mit einem gewissen Nachdruck, überlegte ich. Wobei ich wohl nicht mehr viel Zeit für solche Überlegungen hatte, denn Bag schien jetzt zur Sache zu kommen, dirigierte mich zur Reling und stellte sich massiv vor mich hin. Wie ein ausgedehnter Ziegelbau.

»Weißt du, wer ich bin!«

Ich wußte es nicht. Keine Ahnung.

»Ich bin Bag!«

Da war ich aber erleichtert, daß man mich aufklärte.

»Niemand legt sich mit Bag an!«

Wer?

»Niemand!«

Das heißt, er drückte sich noch erheblich deutlicher aus: Nobody fucks with Bag! Das war dann noch klarer.

»Da haben Sie aber den Falschen erwischt«, sagte ich mit Bestimmtheit, »ich habe nie die Absicht gehabt.« Andererseits war ich dankbar, daß die Dinge beim Namen genannt wurden, so daß ich den Irrtum berichtigen konnte.

»Aber bevor ich dir dein Spatzengehirn wegblase...«

Aha.

»...wirst du noch was abdienen!«

Pause. Das hatte ich nun nicht genau verstanden, ich werde was?

»Kannst du mir einen vernünftigen Grund nennen«, fragte Bag mit ernster Stimme, »warum du meinen Bruder (jetzt kommt's, dachte ich, warum ich seinen kleinen Bruder durchs Geländer gesteckt habe)... durchs Geländer gesteckt hast?« fragte er sehr ernst.

Also, ich hätte ihm da einen oder zwei nennen können, aber keinen vernünftigen. Offen gestanden, mir fiel jetzt bei Licht besehen eigentlich keiner mehr ein, der mir selber noch plausibel erschien.

»Du hast ihn am Hals eingeklemmt, hast du das?«

»Kann ich mich nicht setzen?« fragte ich.

Er schüttelte den Kopf und war überhaupt sehr ernst.

»Du hast ihn (ich habe ihn) drei Tage lang dort hängen lassen.«

»Einen Tag«, sagte ich.

»Drei Tage!«

»Also gut anderthalb«, lenkte ich ein, »das ist aber das äußerste, was ich anbieten kann.«

Jetzt hätte er mich an sich geschlagen, aber das kam wohl alles noch zu einem späteren Zeitpunkt auf mich zu. Zunächst wollte ich noch einen letzten Blick auf den Abendhimmel werfen.

»Du hast ihm auch noch die Hoden abgequetscht.« Ich weiß nicht, weinte der Mann jetzt? Er war so schwarz verkrustet, daß man das nicht genau feststellen konnte.

»Aber das ist ja alles ganz falsch!« rief ich aus, und als er mir ins Kinn bohrte, sagte ich etwas leiser: »Das ist ja ganz falsch, wer hat Ihnen denn solche Märchen erzählt.«

Der Bruder; also wenn der Bruder behauptete, ich hätte ihm die Hoden abgeklemmt, dann hatte ich ihm die Hoden abgeklemmt.

»Kommen wir zum Schluß.«

Sehr ernst.

»Ich werde dich umlegen – – –«, weil nobody fucks with Bag, das war klar. Mich setzte nur eines in Erstaunen: Daß bei alledem die Welt anscheinend noch weiterbestand, der Abendhimmel war inzwischen flamingofarben geworden, unten mit einem schwefelgelben Rand, und das Ufer gegenüber hatte ein verheißungsvolles schwarzes Glitzern angenommen.

»Dafür aber, daß du das gemacht hast – –«

Und das hätte ich eben nicht tun dürfen.

»Dafür – –«

Aha, jetzt kommt's, dachte ich, jetzt noch den allerletzten Blick auf das schöne Farbenspiel, da zogen doch tatsächlich brokatfarbene Inseln durchs Purpurwasser. Und wenn das der letzte sein sollte, dann war es ein kaiserlicher, ein würdiger Abschluß dieses guten Daseins, dachte ich noch schnell, das nächste wird vielleicht besser.

Was?

Packt mich doch dieser Mensch daraufhin im Genick, tritt mit dem Fuß auf die Reling, also auf die mittlere Stange der Reling, und zwängt mich da hinein.

*

Ich hatte ja geahnt, daß es sich um kein menschliches Wesen handelte, denn ein solches hätte es gar nicht fertiggebracht. Ich spürte Fingermuskeln im Genick von eiserner Kühle und Härte, wie sie überhaupt nur Maschinenmenschen haben. Ich dachte: Das ist ja völlig unmenschlich, das gibt es gar nicht, so etwas gehört gar nicht in mein Zeitalter. Und noch etwas, ich spreche es nicht gerne aus: Die Klammer, die hier mein Genick herabzwang, war auf verletzende Weise dominierend, ein Vergewaltigungsgriff, mit dem bei mir auch noch psychische Regionen äußerst unangenehm berührt wurden. Das kam dann noch dazu.

Und was die Konstruktion der Reling anging, so war sie für diesen Zweck geradezu ideal geeignet. Sie bestand aus dicken Eisenholmen, die im Abstand durch senkrechte Pfosten liefen, niemand hätte sie verbiegen können, kein Mensch. Nur Bag. Der setzte seinen Fuß darauf, hob ein wenig an, und schon saß ich drin. – – Soll ich zugeben, daß ich Angst hatte, grauenhafte, schreiende, brüllende Angst! Innerlich, nur innerlich! Ich war schon tot, als die eisernen Stangen, von Bag losgelassen, wieder in ihre alte Lage zurückschnellten und mir den Kopf zerquetschten. Keine flamingofarbenen Himmel mehr, keine abendlichen Flußufer, ich spürte die Garotte, das Würgeeisen, und ich dachte: Für alles, was man tut, kriegt man seine Strafe. Auch wenn man einen Grund dafür gehabt hatte; und was soll ich sagen, in diesem Bruchteil einer Sekunde fiel mir doch tatsächlich der Grund wieder ein: Der Kerl hatte es verdient.

Und dann?

Dann nichts. Eigentlich gar nichts. Ich hatte in meiner Angst versucht, die beiden Holme mit den Händen auseinanderzuzerren, und zerrte immer noch, aber das war völlig sinnlos, diese dicken Eisenstangen rührten sich überhaupt nicht. Und sie quetschten mir auch den Hals nicht zusammen, sondern ich kriegte nur den Kopf nicht wieder heraus. Ich kriegte ihn beim besten Willen – seitwärts – – also seitwärts auch nicht. Ich wartete. Lag auf den Knien. Blickte auf die Weite des Flusses. Und dann kam mir der Gedanke, daß ich noch ein wenig zu leben hätte. –

Schließlich versuchte ich, den Kopf etwas zu wenden, um meinen Peiniger drohend und teuflisch amüsiert über mir stehen zu sehen. Aber da stand er gar nicht; ich sah ihn weiter hinten auf einer Bank sitzen, und was tat er da? Er aß! Der Mann aß gemütlich zu Abend, hatte ein Papier auf dem angeschraubten Tisch ausgebreitet, darauf lag, soviel ich sehen konnte, ein Huhn, Brot, ein paar Zwiebeln. Schaute zufrieden zu mir herüber und setzte soeben eine Flasche Bier an den Mund – ich merkte, daß ich auch gewaltigen Hunger hatte, immerhin hatte ich seit gestern abend nichts mehr gegessen.

Da zog der Mann ein großes Klappmesser aus der Tasche und schnitt sich von dem Huhn – nein, jetzt konnte ich sehen, daß es ein Truthahn war oder eine Ente –, schnitt sich einen großen, großen Schenkel ab, schnitt sich ein Stück Brot ab, aß, und dann schnitt er sich ein riesiges Stück von der Brust herunter.

Bis er den halben Truthahn aufgegessen hatte und die dritte Flasche Bier geleert hatte, war es dann schon dämmrig geworden. Er legte sich schlafen. Vorher kam er noch einmal zu mir herüber; ich dachte, daß er vielleicht noch ein paar beleidigende Worte für mich hätte, ein paar Bemerkungen über den Wert oder Unwert des Lebens, auf meine Person bezogen, oder doch wenigstens einen kleinen zynischen Gutenachtgruß, aber der zog nur an meinen Schultern. Sachlich.

Um sich zu vergewissern, ob ich auch festsäße. Dann bewegte er seine hundertprozentig funktionierende Muskelmasse gelassen ins Achterschiff, wo er sich unter dem Beiboot zur Ruhe begab.

Mir aber blieb die (relative) Gewißheit, daß ich nun doch noch den Morgen erleben sollte. Den frühen Morgen vielleicht, den Gesang der Vögel. Und da waren ja noch die Stunden der Nacht, in denen man in aller Vollständigkeit sein ganzes Leben noch einmal nachleben konnte. Ein Reichtum von mindestens acht Stunden? Mich durchzuckte eine wahnwitzige Hoffnung – – wie wenn ich noch die ganzen anderthalb Tage hätte? Abzudienen hätte? Die ich ja nach eigenem Zugeständnis ...

Um aber gleich in tiefe Verzweiflung zu verfallen: Denn auf keinen Fall hätte ich ihn von seinen drei Tagen abbringen dürfen, das war falsch gewesen. – Auf diese Weise verkürzte ich mein Leben aus reiner Rechthaberei.

*

Inzwischen hatte sich die Nacht herabgesenkt, eine Brise war aufgekommen, es war aber nicht völlig dunkel, immer noch konnte ich die jenseitige schwarze Uferkulisse sehen. Ich rechnete mir aus, wie weit es bis nach drüben sei. Dieser Fluß hatte in seinem Verlauf mehrere beutelartige Auftreibungen, und das Wasser floß hier sehr langsam. Halbrechts von mir konnte ich eine treibende Wasserhyazinthe sehen, die anscheinend überhaupt nicht vorankam; wenn ich die Augen schloß und nach einer Weile wieder öffnete, war sie höchstens eine Handbreit vorgerückt. Ich schloß die

Augen etwas länger und wartete, und dann war sie sogar wieder zurückgeschwommen. Nun war bekannt, daß der Tortuguero-Fluß hier unten kaum noch Gefälle hatte, eigentlich eine Lagune war; wenn Wind auf dem Meer lag, drängte Salzwasser herauf und kehrte die Strömung um. Dies schien jetzt zum Beispiel, nach der kräftiger werdenden Brise zu urteilen, der Fall zu sein.

Es wurde dunkler, und es wehte heftiger. Ein starker Wind kam auf, der den Salzgeruch brachte; ich sah sie, die fernen Schaumkämme, die langen Brecher und die Weite der See, ich konnte sie schmecken. – – Die großen Wedel über dem Ufer beugten sich, begannen zu singen. Fast spürte ich die leise Dünung, die hier heraufdrängte, ein unmerkliches Heben und Senken des Decks.

Ich hatte ja für den Lauf der Nacht ein gehöriges Programm zu bewältigen, angefangen bei einer Kindheit, die, von hier aus betrachtet, einen merkwürdig begrenzten Raum mit sehr kurzen Entfernungen darstellte: Das Gras zwischen den Pflastersteinen, die Anhöhe, auf die die Straße hinauflief, und oben der Kaufmannsladen, wo es diese Tonnen mit Heringen und Sauerkraut gab. Ja, und die Brausepulver, es gab dreieckige Tüten mit Brausepulver, ich glaube, das rote war das schönste, oder laßt mich nachdenken, nein, das grüne, das grüne war das schönste (Waldmeister), das aß man mit dem feuchten Finger aus der hohlen Hand. Und das Yaqui-Dorf, das so ungeheuer gebrannt hatte, ich war doch tatsächlich imstande, den Geruch von verbrannter Pappe zu riechen, ganz deutlich in meiner Nase; denn so riecht der Neumühler

See, nach Asche, nach Sand und nach angekokelten Schuhkartons. Nein, es waren kleinere, kleine Schachteln in einem blauen Feuer, und der Gouverneur, der brutale Rodrigues hatte uns bis über den Rio Pinheiranho verfolgt, dessen entsinne ich mich, oder bringe ich das jetzt durcheinander.

Bis über den Rio Quaquo.

Wir hatten die bloßen Füße an der Wand hochgehalten und gegenseitig betrachtet. Der Kitzel der Füße, die wir zusammengelegt hatten, war sexuell gewesen, sehr sexuell – aber das geschah noch viel früher, in einer frühen Vergangenheit auf dem Hof, an der heißen Bretterwand.

Laßt mich nachdenken, Vergangenheit ist ein fremdes Land, hinter einer Krümmung, und nicht ganz glaubwürdig (so klein kann ich gar nicht gewesen sein – niemand kann das). Aber dann fegt ein scharfer Windstoß den Fluß herauf und beugt die Palmenwipfel; das konnte man nicht mehr als Brise bezeichnen, das war ein ziemlicher Peitschenschlag. Ein langer, vertrockneter Wedel trieb über das Deck und verfing sich an meiner Hüfte, flatterte unter mir, bis ich ihn weitertransportierte, indem ich mich anhob. Danach konzentrierte ich mich wieder auf die Füße.

Prischkuleit hatte gelbe gehabt, und Schinkenspeck – wieso Schinkenspeck – hatte kleine weiße Füße, sie waren dreckig, aber sie waren trotzdem weiß. Ich hatte braune, meine waren am längsten, auch glaube ich, daß ich länger barfuß gelaufen bin als die anderen; die hatten ihre Schuhe bloß ausgezogen, um mitzumachen, deshalb sahen sie auch so unanständig aus. Da war noch das Mädchen Maryam – wenn ich mir überlege, wie delikat sie ihren Fuß auf den meinen legte, begleitet von einem kleinen bitteren Lächeln, so muß ich mir sagen: Die hätte ich heiraten sollen, die wäre es gewesen, die mich hätte erzittern lassen. Maryam, wo bist du?

Auf dem Wasser war inzwischen eine kräftige Wellenbewegung entstanden, und die »Ilheo« begann, schwerfällig wie sie war, der Wellenbewegung sachte zu folgen. Hob sich etwas im Mittelschiff und senkte sich gleichzeitig an Bug und Heck ab, und dann – gute alte »Ilheo« – machte sie dasselbe umgekehrt, wie eine kleine Klappschaukel. Und dann gleich noch einmal. Sehr sachte und irgendwie auch mit einer gewissen Entschuldigung.

Ich hatte ja nichts dagegen. Ich forschte den verschollenen fleischfarbenen Schatten nach. Den Teilausschnitten in der Holzwand der Flußbadeanstalt, dem glückhaften Ziehen und dem trockenen Mund, den diese verursachten. Tante Hannelore, die sich in der Nachbarkabine auszog, so wunderbar – –

So fliegend, so ganz herrlich, und ich wußte auch, warum, weil sich nämlich das Halseisen vorübergehend gelockert hatte; nicht sehr viel, aber immerhin so, daß ich es spürte: Da vollführte doch die »Ilheo« ihre alberne Schwabbelbewegung, indem sie sich an den beiden Enden anhob – da, jetzt hob sie sich wieder –, und nun kriegte die obere Stange etwas Spiel.

Eine, zwei Sekunden. Saß wieder fest. Saß wieder ganz fest.

Ich wartete, und da – – da – – ja, kriegte sie wieder Spiel, ein bißchen nur, aber ich spürte ganz deutlich am Hals, wie sie sich leicht nach außen bog. Eigentlich gar kein Wunder bei dieser Länge. Gab wieder nach, diesmal noch etwas mehr, zwei, drei Sekunden lang. Und doch ein Wunder, durchfuhr es mich, daß die Reling nach außen nachgibt, wieso gibt sie nach außen nach!

So wartete ich mit einer wahnwitzigen beginnenden Hoffnung – – auf das nächste Mal – –

Und das nächste – –

Spürte, wie ich den Kopf fast freibekam.

Gute alte »Ilheo«, betete ich, schaukel noch ein bißchen, schwabbel noch ein bißchen! Schwabbel noch ein bißchen mehr! Und der Wind blies, die Wellen gingen, der Wind blies immer steifer. Oh, wie pries ich da die überaus geniale Konstruktion der »Ilheo«, die wohl ihresgleichen auf der ganzen Welt nicht hatte, wie betete ich, wie zitterte ich und wie schwitzte ich vor Todesfurcht, daß es doch noch schiefgehen könnte.

»Du geni – geni – geniale – –«

Und dann irgendwie, also, irgendwie muß es gewirkt haben, es gab noch einen letzten Knacks – ich weiß nicht, ob der in der Eisenstange oder in meinen Halswirbeln stattfand, die Ohren hatte ich mir auch abgerissen, aber nicht ganz (den Gefallen tat ich ihm nicht). Plötzlich war ich frei.

Stand da im heftigen Nachtwind, der ganz ungewöhnlich war für die Jahreszeit. Sah mich um: Bag schlief im Dunkeln im Achterschiff unter dem Beiboot und rührte sich nicht. Ich ging zum Tisch und ergriff den halben Truthahn, den mehr als halben Truthahn, und, damit nicht genug, da lag Bags riesiges Klappmesser. Das steckte ich mir auch noch ein, sprang von Bord – – das heißt, ich war im Begriff, über die stark wippende und quietschende Laufplanke zu gehen, als mir einfiel:

Die Schuhe!

Meine Schuhe! Unmöglich konnte ich in den italienischen, in denen ich mehr oder weniger barfuß war, durch den mittelamerikanischen Dschungel laufen, das wäre Selbstmord gleichgekommen.

Also bin ich zurückgegangen. Ich bin die Laufplanke, die noch heute in meine bösen Träume quietscht, wieder aufwärts gestiegen, habe das in der Dünung sich hebende Deck betreten und, ja, den Truthahn und das Klappmesser noch einmal auf den Tisch gelegt. Und dann bin ich zum Achterschiff gegangen, wo Bag in meinen Schuhen schlief.

– – –

Der Mann hatte sich vollständig unter das Beiboot gewälzt, so daß nur seine Füße herausragten. Schnarchen konnte ich nicht hören, konnte auch nicht sehen, ob er wirklich schlief. Aber o Wunder, er lag da still in seinen (jetzt braunen) Strümpfen; die Schuhe hatte er – ich sah mich um – auf die Seite gestellt, ausgerichtet und mit den Spitzen von seiner Lagerstatt wegweisend, so wie es sich gehörte.

Also in folgender Reihenfolge: Ich habe die Schuhe ergriffen, dann den Truthahn, das Klappmesser, und dann bin ich von Bord gesprungen. Und er hatte sich währenddessen kein bißchen gerührt. Erst nach fünfzig Schritt bin ich stehengeblieben und habe den Truthahn und das Klappmesser auf einen Stein gelegt. Habe meine guten Schuhe angezogen. Und dann –

dann habe ich die italienischen endlich mit aller Kraft in die Gegend gepfeffert.

*

Aber es lief anders. Es lief in der umgekehrten Richtung, als ob noch ein anderes Ende vorgesehen war. Als ich im Stockdunkel an meinem Boot ankam, rührte sich im Motor gar nichts, ich hatte sogar den Eindruck, daß die Haube andersherum saß, und der Anlasserknopf war locker. Schließlich hatte ich, als ich unter die Haube langte, eine Anzahl Einzelteile in der Hand, einige freie Kabel. Das war es dann gewesen.

Auf keinen Fall konnte ich daran denken, in der Nacht zu Fuß voranzukommen; ich hatte mir schon auf dem kurzen Stück zum Boot beide Beine gebrochen. Meine einzige Chance war das Boot, auch ohne Motor, die Strömung würde mich hinabtragen, außerdem hatte ich die Ruder, die immer noch unten im Kielraum lagen. – Aber nun mein Schicksal: Ich stieß von dem Baumstamm ab und gelangte in tiefes Wasser, wobei ich mich um meine Achse drehte. Als ich die Ruder einlegte, um die sicherlich sehr beschwerliche Reise stromabwärts anzutreten, erwies sich das als noch weit beschwerlicher, als ich angenommen hatte. Der Wind blies mir so heftig entgegen, daß ich nur mit Mühe die Richtung einhalten konnte. Legte mich aber trotzdem tüchtig ins Zeug, und nach – was weiß ich, wie lange –, nach einer halben Stunde endlich war ich so total erschöpft, daß mir die Backen zitterten. Konnte mich auch nur schwer orientieren, hier war überall dieselbe schwarze Mauer.

Einen Fixpunkt hatte ich, eine vorstehende, auf den Fluß geneigte lange Sisalpalme, die aber nicht viel näherrückte, die, wenn ich es genau bedachte, überhaupt noch nicht nähergerückt war, eher umgekehrt; andererseits hatte ich aber das sichere Gefühl, daß ich schon eine gewaltige Strecke bewältigt hatte. Daß also dieser Palmenstamm, der sich über den Fluß neigte, gar nicht derselbe war, sondern schon der nächste oder der übernächste oder vielleicht überhaupt ein ganzer Wald von Sisalpalmen, von denen ich immer nur eine gerade vor mir sah. Ich hatte auch ein eigenartig körniges Flimmern vor Augen, wahrscheinlich vom Rudern, und gegessen hatte ich immer noch nichts.

Bis ich dann einmal zufällig links zum Ufer sah, da ragte doch unverkennbar bleich mein – was? –, mein Skelettbaum aus dem Wasser, zu dem ich glücklich wieder zurückgelangt war. Da bin ich dann zusammengebrochen.

Eine furchtbare Entdeckung. Die umgekehrte Strömung schob mich hinauf, flußaufwärts und nicht abwärts, und der Wind schob auch noch kräftig nach. – – Da gab ich auf, legte mich flach ins Boot und aß meinen Truthahn und weinte, ja, und um noch einmal mein Schicksal zu erwähnen: Offensichtlich wollte es mich doch hinaufführen in das heiße unerforschte Herz (der Finsternis), und wer weiß zu welchem Zweck. Hätte ich mich jetzt noch dagegenstellen sollen?

*

Zunächst machte ich aber erstaunliche Fortschritte. Ich hatte meine Ruder wieder eingelegt und ruderte, diesmal in der anderen Richtung, und in kürzester Zeit umrundete ich das Mangrovendickicht, in dem die »Ilheo« festsaß. Da lag sie, still – ich hätte mir nicht träumen lassen, sie so bald wiederzusehen –, gluckste ein wenig im bewegten Wasser, ihr Steuerhaus zeichnete sich deutlich gegen einen lichteren Abschnitt in der Uferböschung ab; ich konnte sogar, wenn ich genau hinschaute, die Stelle sehen, wo ich in der Reling gesteckt hatte, zwischen dem dritten und vierten Pfosten, etwas mehr zum vierten hin.

Ich legte mich hier nur ganz zart ins Zeug, nur ganz sachte. Ich konnte, wenn ich mir Mühe gab, sogar den Tisch erkennen, auf dem der Truthahn gelegen hatte, und hinten auf dem Achterdeck das Boot, unter dem Bag schlief. Ich will nicht sagen, daß ich hier ganz ohne Nerven vorbeiruderte. Einmal sah ich ihn hinten an eine Winde gelehnt, wie er gerade das Remington-Repetiergewehr in Anschlag brachte, aber das war dann doch nur der lange Hebel, der aus der Winde ragte, und der Nachtvogel, der mir aus dem Gebüsch nachkeckerte, konnte mich auch nicht mehr wirklich erschrecken.

Bis zum Morgen hatte ich eine ziemliche Strecke zurückgelegt; ich kann nicht sagen wie weit, aber es muß erheblich gewesen sein. Hier streckten sich im frühen Licht ganz flache Ufer aus, wenig Baumbestand, nur Schilf und Buschgruppen, durchzogen von Wasserläufen, die überall aus den Ufern sickerten. Das Gelände sah aber begehbar aus. Hinzu kam, daß ich in der letzten Stunde kaum mehr vorangekommen war, oder nur sehr beschwerlich; der Rückenwind hatte sich gelegt, und die Strömung – also ich hatte den Eindruck, daß sie sich wieder umkehrte, ich konnte mich täuschen, aber der Kahn ruderte sich jetzt wie ein Waschzuber.

Ich beschloß, an Land zu gehen und mich eine Weile hinzuhauen. Trocken war es auch. Ganz übersichtlich, keine Moskitos, keine Ameisen. Als ich wieder aufwachte, muß es schon fast Mittag gewesen sein, ich lag da in der prallen Sonne, hatte meinen gebratenen Truthahn in der Hand und war über und über von kleinen Fliegen besät; meine Beine lagen halb im Wasser, und die Strömung ging jetzt eindeutig abwärts.

Das Boot hätte ich besser verstecken sollen, ich hätte es, wenn ich es mir heute überlege, in einen der flachen Flußarme ziehen sollen, wo es auch sicherer vor ansteigendem Wasserstand gewesen wäre, statt dessen brachte ich es nur etwas tiefer ins Schilf hinein, und das war ein Fehler. Diese Gras- und Schilfebene dehnte sich so glatt aus, daß ich der festen Überzeugung war, hier ganz schnell voranzukommen. Auch rechnete ich damit, irgendwo auf ein Jägercamp, auf ein paar Fischerhütten zu stoßen; und so unbegründet war diese Vorstellung gar nicht, denn tatsächlich gab es in einer Entfernung von zwanzig oder dreißig Meilen eine Ansiedlung, dort, wo der Rio Tortuguero wieder zurückschwingt und ein breites Becken bildet. Die Siedlung heißt Cariari, und von dort geht es keinesfalls in die Dschungel von Nicaragua, sondern auf einen Ochsenpfad in wieder bewohnte Gebiete, nach Guápiles und Jiminez, wo sogar eine Eisenbahnstrecke beginnt. Aber das wußte ich alles nicht, für mich gab es noch ein, zwei Meilen festen Boden, und dann war die Welt zu Ende.

Ich hätte die Anzeichen erkennen müssen. Die überbackenen Krusten, die planen Flächen mit dem spärlichen Bewuchs und die braunen Flecken, die wie dicke erstarrte Brotsuppe aussahen; aber ich mußte erst voll drauftreten, voll mit beiden Beinen im Dreck stehen, bis es mir dämmerte:

Mein Sumpf.

Da hatte er mich wieder.

Es war ganz eindeutig; solch unnatürlich glatte Ebene, wie sie sich hier auf Flußniveau bis zu einem fernen Hügelrand erstreckte, konnte nur durch Anstau entstanden sein. Ein Stausumpf. Ein Schwamm. Eine in sich verflochtene Vegetation, halb schwimmend, halb versinkend; die Büsche und vereinzelten Bäume standen wahrscheinlich auf Pfahlwurzeln, oder aber ihr Wurzelgeflecht war so ausgedehnt, daß es eine Art Floß bildete. Und der Boden, auf dem ich im Augenblick stand – das war gar keiner, das war ein dünner Filz, unter mir befand sich Wasser. Ich wippte etwas mit den Füßen, der Filz wippte nach. Dann stand ich still, denn mir war klargeworden, daß ich am Ende meiner Reise angelangt war.

10

Der kleine Junge kannte das Geheimnis der Yaqui-Indianer. Das lähmende Gift einer winzigen roten Froschart, das, mit Pfeilen verschossen, den Gegner im Sprung erstarren läßt. Er kannte viele Geheimnisse: Affenfelle als Überbringer tödlicher Botschaften. Rochennasen, Schlangenzähne, Vogelklauen. Und nicht zu vergessen die gefährlichen, wahnsinnerzeugenden Früchte des Bullenbaumes, die mit Haken und spießartigen Dornen versehen aus der Entfernung geschleudert, dem Opfer das halbe Gesicht abreißen. Gnadenlose und furchterregende Kampfesweise aus dem »Reich der Anaconda«.

Er hatte einen Kasten unter seinem Bett, in dem er eine äußerst wertvolle und während des Sommers zusammengetragene Sammlung aufbewahrte. Oder es war keine Sammlung, es war ein geheimes Arsenal, Steine, spitze Äste, Gräser mit scharfen Kanten, Käferflügel, Pilze, Baumharze, ja, sogar Federn (eingeatmet!). Ein Arsenal gefährlich aussehender Objekte, deren Verwendungszweck teilweise im dunkeln lag, ja, und weiterer Forschungsarbeit bedurfte.

Und der schwarze Faulschlamm, den er in einem Schraubglas verschlossen hielt, der war nur unter größten Vorsichtsmaßnahmen zu handhaben. Raubvölker im Innersten Amazoniens strichen ihn sich auf ihre Körper, hatten damit, unerkannt, ganze Dorfgemeinschaften durch ihren Besuch ausgerottet – ein furchtbares Geheimnis. Hatten dann auch ihre Strafe auf dem Fuß empfangen.

Der Junge brauchte nicht zur Schule gehen, weil es die Nacht über bis um vier Fliegeralarm gegeben hatte, dann fing die Schule erst vormittags um zehn an. Frühmorgens gab es erneuten Alarm, um neun Entwarnung, und als er sich gerade auf den Weg machte, kurz vor zehn schon wieder Alarm, das dünne erbärmliche und auch verheißungsvolle Heulen, wenn er nicht zur Schule gehen brauchte. Da kehrte er wieder um, und zwar sehr fröhlich.

Setzte sich zu seinem Kasten bei geöffnetem Fenster, während sich draußen die sommerliche Stille ausbreitete. Das Horchen auf das, was kommt, aber es kommt ja doch nicht. Drüben über der Straße versuchte ein mit Gepäck beladener Soldat, Wasser aus dem eisernen Brunnen zu ziehen, der für die Gärten bestimmt war. Es kam nichts, dann kam ein großer Schwall, platschte in die Stille hinein, dann wieder Horchen, fernes Rangieren, Rauschen, der Junge öffnete den Kasten – –

Es gab da ein Dokument, das nur zu ganz seltenen Gelegenheiten hervorgeholt wurde, ein Heftchen, ein in schwarzes Wachstuch gebundenes Merkbuch. Das stellte eine große Rarität dar und war deshalb in der doppelten Wandung des Deckels verborgen. Und zwar so geschickt, daß selbst, wenn man den Deckel öffnete – also, in sich öffnete –, man das Buch immer noch nicht entdeckte, weil es sich mit seinem schwarzen Wachstuch vollkommen in den Wachstuchbelag des Inneren einfügte, und nur im Ernstfall, also im äußersten Ernstfall durfte man davon Gebrauch machen. Es war sogar ein Kennwort notwendig, das der Junge sprechen mußte, das war natürlich auch geheim (grüner Teufel) und nur mit diesem eine Entschlüsselung des Inhalts möglich, denn der war gefährlich – das soll hier nur angedeutet werden –, gefährlich wie das Innere eines Hornissenbaus.

Da saß er und bereitete sich auf das Leben vor. Auf das wirkliche Leben hinter dieser Straße, hinter dem Brunnen mit dem Soldaten, der jetzt sein Gepäck aufnahm und einen prüfenden Blick um sich warf. Die Wirklichkeit, die war nicht hier, die lag in einem fernen, heißen, gründämmrigen Horizont, wo er sich geschmeidig von Baum zu Baum bewegte, mit dem Unterholz verschmolz, durch lebende Schatten glitt, bewehrt mit seinem Willen, seinen bloßen Händen und einer Entdeckung – einer weittragenden Entdekkung, die er mit sich trägt wie das Innere eines Hornissenbaus.

Der Soldat ist mit seinem Gepäck fortgegangen, die Pumpe tropft noch etwas, eine süßschwere, eine beerenschwere Stille zieht von den Gärten herüber. Nachher, jetzt noch nicht, aber in zwei Stunden etwa, gäbe es Entwarnung, und der Junge würde mit seinem Fahrrad, der Rennwagenversion, zum Neumühler See fahren, um Holz zu holen.

Das Buch liegt auf dem Tisch, aufgeschlagen an der bewußten Stelle, wo eine der Öffentlichkeit absolut unzugängliche und streng verbotene Aufzeichnung zu finden ist – so absolut verboten, daß man sie herausgetrennt, später allerdings wieder eingesetzt hat. Die genaue Zusammensetzung einer gewissen Wirksubstanz betreffend. Und eines Tages – oh, der Tag wird kommen – wird er damit die Welt in Erstaunen versetzen.

Der grüne Teufel vom Seminola Creek.

*

Da, es kam eindeutig vom Flußufer her, ein Krachen, ein irgendwie brechendes Geräusch, ziemlich genau aus der Richtung, wo das Boot lag. Und laut. Als ob wir uns in einem eingeschlossenen Raum befänden.

Danach war nichts mehr zu hören. Ich hielt mich dicht an die Ränder der Buschgruppen oder an die pinselartigen Stauden, die hier in größeren Ansammlungen standen und Halt boten. Achtete auf die Bodenbeschaffenheit, jeden Schritt mit großer Vorsicht setzend, auf keinen Fall betrat ich die glatten flächigen Abschnitte, die sich deutlich abhoben – ich hatte mich auf diese Weise ein gutes Stück vorgearbeitet, und es würde eine Weile dauern, bis er mich hier fand.

Zu hören war nichts.

Ich strebte eine Bauminsel in Form eines breiten Fächers an; die Stämme standen hier nach allen Seiten auseinander und bildeten im Zentrum einen festen Block. Hier wartete ich ab, legte mich flach hin. Ich war sogar glücklich, daß ich hier liegen durfte, es bis zu diesem Punkt der Welt geschafft hatte, wie alt war ich geworden? Laßt mich nachrechnen. Über mir an einem Ast hatte ein Vogel sein Nest an einem langen Strohfaden aufgehängt wie einen kleinen Sack, und ich mußte sehr genau hinschauen, bis ich ihn darin entdeckte; saß da und blickte mißtrauisch auf mich herunter. Man nennt diese Art Montezumavögel, sie gelten als sehr intelligent, offenbar hielt er mich für ein äußerst trauriges Exemplar; und wenn ich auf seinen gutgemeinten Rat hören wollte, dann sollte ich doch besser von hier verschwinden.

Und ich konnte ihm nur recht geben. Soweit ich die Lage überblickte, waren meine Chancen stark geschrumpft. Ich hätte entweder unsichtbar sein müssen oder auf dem Wasser gehen können, beides war ja nicht gut möglich. Nein, ich wollte mir nichts vormachen, ich stand hier mit dem Rücken zur Wand. Ausgeliefert einem schwerbewaffneten Killer, der, in körperlich hervorragender Verfassung, im Besitz aller Mittel, aller modernster automatischer Waffentechnik (Technologie) inklusive eines Flußdampfers war, man stelle sich das vor. Wahrscheinlich besaß er sogar ein Nachtfernrohr. Und ich, was hatte ich? Ich hatte das Klappmesser, das allerdings.

Eines aber, sagte ich mir, eines habe ich noch.

Ich habe den Sumpf!

Das war ja nicht sonderlich logisch – nicht zu vergessen, in welchem Zustand ich mich befand, erschöpft, übernächtigt, von der Sonne ausgeglüht, dem Wahnsinn nahe. Und doch, aus meinem Innersten – das bitte ich jetzt nachzuvollziehen, auch wenn es dafür keine Erklärung gibt –, aus meinem tiefsten Inneren kam mir plötzlich eine Zuversicht, eine Sicherheit, ich wußte nicht, wie: Hier stand ich auf dieser braunen schwappenden Ebene, die mich zu verschlingen drohte, und ich konnte sie sehen, ich konnte sie erkennen: Eine tödliche Waffe!

Für den Sumpfkämpfer!

Für den Swampfighter!

Den Mann, der seine unbezahlbaren Erfahrungen gesammelt hat, jeden Trick kennt (every trick in the book), jedes Schilfgewächs in ein Lebens- oder Todesrohr verwandelt. Hier erstand er, aus dem Nichts, in letzter Minute sozusagen, floß ihm ein Stärkestrom zu, als das Ende gekommen und es nach menschlichem Ermessen keinen Ausweg mehr gab, ein Wissen, eine – – ja eine Sicht, die sich wie ein Falthaus nach allen Seiten hin aufklappte und um die eigene Achse herum: Ethnologisch, geographisch, generalogisch ... das Geheimnis der Yaqui-Indianer.

Aha.

*

Was mein Unsichtbarsein betraf, brauchte ich nicht mehr viel dazutun. Ich war hier inzwischen so ausgiebig in den Dreck gefallen, daß man mich nicht mehr so leicht von der Umgebung unterscheiden konnte, dieser Meinung war auch der Vogel Montezuma, denn, nachdem er eine Weile in meine Richtung geäugt hatte, wandte er sich gelangweilt ab.

Ich schnitt mir von einem Strauch ein Paar lange Äste ab, und zwar so, daß sie am Ende besenartige Verzweigungen hatten – das hatte ich mir so ausgedacht –, stützte mich damit nach vorne ab und stolzierte mit diesen Strauchfüßen einmal im Kreise herum. Sehr zur Verwunderung des Vogels Montezuma, der mir von seinem Ast her zusah, nun sicherlich völlig verwirrt war und nicht mehr wußte, was er von mir halten sollte: Ein Stück laufender Dreck, vorne Spinne, hinten Wasserschwein.

»Ja«, sagte ich zu ihm, »du hast es leicht, du sitzt da gut auf deinem Baum und kannst dich mokieren.«

Ich wollte ihm noch etwas als Vierbeiner vorlaufen, als ich es wieder hörte: Ein deutliches Krachen, ein Geräusch splitternden Holzes, als ob etwas einbräche. Aus Richtung Flußufer. Ich erstarrte im Schritt, auf drei Beinen stehend, ein Bein – das vordere – noch in der Luft. Danach Stille. Wenn er nähergekommen wäre, hätte ich ihn im trockenen Schilf hören müssen. Nichts.

Vor mir lag eine Art Schneise, ein grüner länglicher Teppich, der sich zwischen dem Gebüsch dahinzog, so merkwürdig lang und grün – freiwillig hätte ich da keinen Fuß draufgesetzt, so dumm bin ich nicht, aber wer weiß, sagte ich mir, vielleicht, wenn ich Glück habe, ist *er* es.

Ich fand in der Nähe einen ausgehöhlten morschen Stamm, der nur noch aus dem Moos bestand, mit dem er bewachsen war, ich verlor fast die Hälfte, als ich ihn auf die Schneise zog. Und ein anderer Stamm, der war so mürbe, daß ich ihn nur in Portionen tragen konnte, aber dann, als ich ihn komplett hatte, sah er doch ganz gut aus. Dabei lernte ich die geradezu teuflischen Bodenverhältnisse näher kennen, indem ich mit dem linken Fuß feststand, mit dem rechten dagegen bis zum Knie wegsank, dann wieder mit dem linken sank und mit dem rechten stand, es war wie ein Netzwerk von weichen und festen Stellen, und ich konnte eine leise Strömung unter der Haut spüren. Eine Strömung zum Fluß hin.

Ganz vorn hatte ich einen flachen Stein als Trittschwelle ausgelegt, und das sah auch gut aus. Zog mich dann auf meine Buschinsel zurück, der Montezuma hatte vordem seinen Ast verlassen, um aufs äußerste interessiert meine Bautätigkeit zu verfolgen, jetzt war er wieder auf seinen Ast zurückgekehrt. Ich wartete – nahm zwischendurch noch ein herzhaftes Mahl zu mir, bestehend aus einem weiteren Truthahnviertel –, bis ich endlich, nach einer Stunde etwa, ein entferntes Fluchen wahrzunehmen glaubte.

*

Dann knallte es ungeheuer laut und ganz in der Nähe. Er mußte irgend etwas gesehen haben – etwas oder jemanden –, mich bestimmt nicht, sonst wäre ich wohl schon tot gewesen. Hatte aber jetzt eine ungefähre Ahnung, wo er sich befand, halb rechts hinter einer Schilfwand, in der sich seitlich vor mir ein Einschnitt öffnete. Und hatte den Eindruck, ihn oder seinen Kopf dort kurz zu sehen, er schien sich etwas über sein Ohr gewickelt zu haben.

Ich hielt jetzt den Augenblick für gekommen, das Blatt hochzuhalten. Hier in den Tropen ist ja alles groß, die Fliegen, die Würmer, die Geschlechtsteile – und eben auch diese riesengroßen Blätter, die so groß sind, daß sie bei plötzlichen Wolkenbrüchen den Leuten als Regenschirm dienen. Daher sein Name poor man's umbrella, und er wächst praktisch überall, wie bei uns der Löwenzahn.

Ich wartete, daß er sich wieder zeigen würde, sah ihn plötzlich überraschend nah, kaum hundert Schritt von meinem Standpunkt, aus dem Gebüsch treten, Gewehr im Anschlag, wild um sich blickend. Ich hielt mein Blatt hoch und – – brooochch! Noch ehe er ganz zum Stehen gekommen war.

Ein, zwei – drei Schuß hintereinander.

Das Blatt war weg. Der darüberhängende Ast auch. Und mein Vogel, was war mit dem Vogel Montezuma geschehen? Eine kleine rote Feder, die sich sachte auf meinen Handrücken senkte. Bag aber verhielt sich weiterhin unschlüssig, anscheinend hatte ihn der Regenschirm doch nicht so sehr überzeugt. Stand da drüben direkt vor der Schneise, ohne aber Anstalten zu machen, diese zu betreten. Statt dessen starrte er nach rechts in einen Busch, konzentriert, soweit das in seinem derangierten Zustand möglich war – ich sah, der Mann war ja völlig außer Faßung, hochrot im Gesicht, verzerrt, schwitzend, von einem Bein aufs andere tretend, und nun wurde mir auch klar, warum: Er war barfuß! Er hatte sich ohne Schuhe auf den Weg machen müssen, und ich konnte mir vorstellen, daß das verdammt unbequem war. Jetzt humpelte er zu dem Busch hin, stocherte darin mit der Flinte umher, aber offenbar fand er mich da nicht, denn er blickte nur noch wilder um sich.

Da lag diese grüne Wiese direkt vor ihm, auf die er nur seine wunden Füße zu setzen brauchte.

»Mensch«, sagte ich, »grüner wird's nicht.« Aber ich sah ein, daß ich zu gröberen Mitteln greifen mußte, wenn ich den Mann auf den richtigen Weg bringen wollte. Bisher hatte ich flachgelegen, jetzt richtete ich mich etwas auf, aber da sah er mich immer noch nicht.

Bis ich mir dann ein Herz faßte und mich direkt und ganz frei hinstellte: nur eine Sekunde, versteht sich, nur den Bruchteil eines Augenblicks, und für Bag muß das wohl wie auf dem Schießstand gewesen sein, wie eine plötzlich aufgeklappte Zielscheibe. Da, wo ich gestanden hatte, fehlte die Baumrinde gleich meterweise, und der kleine Busch vorn war auch weg – nun kam er wirklich. Ich vernahm ein tiefes Grollen, konnte sehen, wie der Mann dort drüben seine gesamte Energie zusammenballte – ich habe noch nie einen Menschen so schnell humpeln sehen!

Auf den Trittstein, über den Baumstamm, der, soweit mir bekannt war, eigentlich nur aus Moos bestand, über die total morschen und total mürben Äste hinweg. Ich dachte: Was, was, was, das ist eine Falle, wieso bricht der Mensch nicht ein! Der kam hier aber in einem solchen Tempo an, daß er selbst die ganz miesen flachen Stellen schaffte – wo es hinabging – und gar nicht wahrnahm, daß er da praktisch auf reinem Wasser lief. Und als er sich längst wieder auf festem Boden befand, hat er wohl auch das nicht wahrgenommen. –

Aber das hatte ich auch nicht abgewartet.

Denn jetzt rannte ich. Durchs Gestrüpp, mitten durch die Büsche, durch Sumpflöcher, war soeben über eine ganz gemeine braune Kruste gelaufen, und meine Krücken hatte ich auch verloren.

Die Schüsse im Rücken hörte ich schon gar nicht mehr, es mochten fünf oder sechs gewesen sein. Oder auch mehr. Lief über eine Grasfläche, die einen eigenartig fetten Charakter hatte, und dachte noch: Was sind denn das für dicke Grashalme, sehen ja wie Spargel aus. Die sehen – jetzt fiel es mir ein, wie sie aussahen, wie Finger! Das berüchtigte weiße Fingerkraut war das hier, von dem jedermann wußte: Wo das steht, ist der Mensch verloren. Und jetzt merkte ich auch – nicht eher –, daß ich meine Krücken irgendwo im Gebüsch gelassen oder weggeschmissen hatte, und nun hier mitten im Lauf hielt ich inne. Das Kraut knackte unter meinen Füßen; es bestand ja nur aus Wasser, Wasser mit einer dünnen Haut.

– – –

Na, und dann war es wohl endlich soweit. Jemand lachte ganz hundsmäßig hinter mir. Ich blickte mich um und sah Bag am Rande der Wiese stehen, die für ihn ein geradezu ideales Schußfeld darstellte, ohne die geringste Deckung für mich. Stand da mit seiner Büchse, die er offenbar soeben erst leergeschossen hatte und im Begriff war, wieder zu laden. Ein unvergeßliches Bild, Bag vor Erregung zitternd – nein, zittern tat er nicht, er war nur aufs höchste erregt: Er hatte regelrecht rosenrote Augen – wie er in der Patronenschachtel fingerte und die Patronen herauszuklauben versuchte, und dann das Fluchen.

Und was für ein Fluchen!

Ich konnte nur sehen, wie er die Schachtel wegwarf und dabei eine Art Schlaganfall bekam, denn er trat plötzlich auf die Schachtel, und zwar mehrmals – bis mir dann die Sache klarwurde: Er hatte die falschen Patronen erwischt, er hatte meine Patronen erwischt, und die hatten nicht bei mir gepaßt, aber bei ihm paßten sie auch nicht.

»Das ist aber ein Pech«, rief ich ihm zu.

Er starrte zu mir herüber.

»Haha«, triumphierte ich (warum hätte ich das nicht tun sollen). »Die Profis sind anscheinend doch nicht immer so profi!«

Daraufhin mußte wohl bei ihm die letzte Sicherung durchgebrannt sein – viel war ja nicht mehr übrig von der einst so glänzend angelaufenen Kampfmaschine –, denn ich sah ihn sein Gewehr wie eine Keule schwingen und dachte: Das geht ja eigentlich doch zu weit. Das Hemd hing ihm buchstäblich in Streifen herunter, und die Hose war auch nicht mehr richtig vorhanden, er war über und über mit einer Dreckkruste bedeckt – Dreck von einer auffällig senffarbenen Qualität; er mußte an einer ganz besonderen Stelle hingefallen sein.

Außerdem schien er nicht mehr ganz orientiert.

Mund und Augen weit aufgerissen, die Halssehnen wie Drahtstränge, vorn einen dicken Kropf – hatte er einen Kropf? – und tief im Hals ein Gurgeln, so rannte er jetzt mit geschwungenem Gewehr auf mich zu, und ich rief noch:

»Mensch Bag, das geht ja nicht gut!«

Da brach er ein.

*

Eben noch lief er hier groß und bedrohlich über den Plan (Leoparden gegenüber soll man sich ja ein Brett über den Kopf halten, damit man noch größer erscheint), und dann war er plötzlich weg – – bis zur Hüfte! Steckte da drin und ruderte mit den Armen und mit seinem Gewehr in der Luft herum, hatte anscheinend immer noch den Bewegungsimpuls in sich – so war er nun mal beschaffen, einmal in Bewegung, hielt ihn niemand auf, auch er selbst nicht – und ich war sicher, daß er auch jetzt noch mit den Beinen im Untergrund lief.

Voran kam er nicht mehr. Heraus auch nicht. Da war nun nichts mehr zu machen.

Bag hatte aufgehört zu funktionieren. – –

Ich näherte mich dann nach einer Weile sehr vorsichtig, vorsichtig wegen des Geländes und wegen irgendwelcher Tricks, die er noch hätte abziehen können. Inzwischen war er aber still geworden, er hatte sich so richtig hineingearbeitet, starrte mich an, Augen und Mund weit aufgerissen, auf seinem linken Arm stand »Deathdealer«, und das war auch ziemlich klein geschrieben. Was hätte ich dem Mann sagen sollen? Etwa, daß wir von nun ab Freunde werden wollten – einen Vertrag? Ich prüfte den Boden sehr vorsichtig mit dem Fuß: Hier, wo ich stand, war er noch fest, aber weiter vorn gab er ganz widerlich nach. Vielleicht, wenn ich mich hinlegte und ihm eine Stange oder einen langen Ast zuschob, und woher kriegte ich jetzt eine Stange?

Ich blickte in diese blutunterlaufenen Augen – ich bin mir nicht sicher, aber ich glaube, ich wäre weich geworden; ich weiß es nicht, vielleicht auch nicht. Es wäre immerhin interessant gewesen, sich selbst kennenzulernen (ein Killer?), doch wie ich mich zur Seite wende und auch nur einen kleinen halben Schritt mache, gibt die Grasnarbe, auf der ich stehe, nach – es war ein langsamer Vorgang – einen Schritt vor und einen halben zurück, ich sinke erst etwas ein, und dann rutschte ich ganz gemütlich seitlich weg. Immer weiter. Und ich wundere mich, wie ich vorher an genau dieser Stelle hatte stehen können.

Also bis zur Hüfte. Ich saß sozusagen auf der weichen Unterlage und versuchte, die Beine herauszuziehen, dabei kam ich aus dem Gleichgewicht und lag nun mit der Schulter drin. Das war dann die Endposition. Aus. Aber Bag durfte ich eines doch zugute halten, er hatte nicht den Nerv gehabt zu grinsen. Er hatte anscheinend überhaupt keine Nerven mehr, saß da mit aufgerissenem Mund und gab merkwürdige Töne von sich: Haarrgh, Harrrgh. Ab und zu zappelte er und wollte sich hocharbeiten, kam damit aber nur noch tiefer, während ich selbst eigentlich ganz ruhig war. Ich spürte deutlich, wie ich hier im Geschling der Wasserwurzeln wie in einem Korb saß und gar nicht tiefer rutschen konnte, wenn ich mich nicht bewegte. Wenn eben – ich mich nicht bewegte. Bag dagegen machte den Fehler, immer noch (und immer wieder) seine Energien einzusetzen; dies war aber nicht der Platz dafür, dies war der Platz für ruhiges Gewähren. Für ruhiges Gehenlassen. Ich sagte:

»Entspannen, Bag, Leichtmachen. Stell dir vor, du wärst eine Feder.«

Nun konnte man sich Bag schwerlich als Feder vorstellen – der Vergleich hinkte; Bag war dafür auch nicht ansprechbar, die Panik sprang ihm förmlich aus den Augen. Wie ein selbständiges Wesen. Als wenn sich da seine Seele hinaustransportierte – wenn man ihm so etwas wie eine Seele zugestehen wollte; wobei ich weit entfernt bin, ihn noch nachträglich zu verurteilen, denn wer weiß, in welchen Bereichen er sich jetzt aufhält. –

Wir wurden am Morgen des nächsten Tages von Gummisuchern entdeckt. Ich sagte ja schon, daß dieses Gebiet gar nicht so unbewohnt war, wie es schien; die Leute kamen aus Cariari, waren zwanzig Meilen auf den gewundenen Wasserwegen in den Sumpf gerudert. Und hier im hellen Tageslicht trauten sie ihren Augen nicht: Sie sahen tatsächlich Xel-Has, Krokodilgötter, die im Sumpf wohnen und die man ihnen seit dreihundert Jahren versucht hatte auszureden. Jetzt wurden sie hier in ihrem ganzen unchristlichen Aberglauben bestätigt, ich glaube, der Schaden war gar nicht wieder gutzumachen. Ich hatte dann die allergrößte Mühe, daß sie mir christlicherweise wenigstens zu fünfzig Prozent glaubten, daß zumindest ich da unverschuldet hineingeraten war.

*

Aber das ist noch nicht die ganze Geschichte.

Denn ganz früh am Morgen, lange bevor die Gummisucher kamen, ist noch etwas geschehen. Gerade als die Sonne aufging.

– – –

Wir hatten die Nacht durchgestanden, Bag und ich, jeder in seinem Loch. Er sah gerade noch mit dem Kopf heraus, während ich mich relativ gut gehalten hatte, auch tiefer abgerutscht war, aber mehr in Rükkenlage, so daß ich beide Arme freihatte, um die stechenden Insekten abzuwehren. Hatte dabei allerdings das unbestimmte Gefühl, daß sich unten an meinen Beinen etwas abspielte, ein Druck, ein leises Brennen (später fand ich dort zehn, zwanzig rotgeränderte Saugstellen).

Soeben war die Sonne über den Rand der Sumpffläche gekrochen und beleuchtete mit einem Strahl meine Brust; ich hätte das sehr kleine Ding sonst nicht gesehen. Es bewegte sich sehr schnell hin und her und wieder hin und her, tanzte da im Sonnenlicht, eine kleine, leuchtend grüne Fliege, nur wenig größer als ein Stecknadelkopf. Ich verfolgte ihr nervöses Spiel eine Weile und dachte: Es ist so sinnlos, was will dieses Ding, herum und herum, es ergibt überhaupt keinen Sinn: Und dann – – kam mir eine plötzliche Erinnerung, so als ob ich es schon einmal gesehen hätte, oder nicht eigentlich gesehen...

Das Spiel der Smaragdfliege.

Ich erschrak zutiefst, aber dieses eine Mal erschrak ich wirklich – was ist das, dachte ich, das gibt es doch gar nicht, Smaragdfliegen habe ich mir doch bloß ausgedacht, die gibt es nicht! Aber so, wie das Ding hier beharrlich seinen Platz behauptete, im Bogen weiterschwirrte –, und wieder nahekam und ich wie wahnsinnig um mich schlug, schien es diese Fliege doch zu geben. Denn sie war ja da! Ich konnte sie ja sehen!

Und dann war sie weg. –

Sie war nicht weg, sie schwirrte jetzt als grüner Leuchtfunke um Bags Kopf herum; der starrte blöde in die Luft und kümmerte sich um gar nichts, nachdem er während der ganzen Nacht gebrüllt hatte. Ich rief in höchster Erregung:

»Bag, mach den Mund zu!«

Anscheinend hatte er nicht die geringste Ahnung, wie dicht er dran war, an seinem frühen Ableben; sozusagen nur um Haaresbreite entfernt, um die Breite eines Lufthauchs.

Das Einatmen geschieht ganz leicht, denn was sollte solch ein kleines Fusselchen für ein Hindernis bilden, man würde es gar nicht bemerken. Aber das Fusselchen sticht ganz nebenbei in die Stimmritze, wenn der Atem hindurchgeht, und es ist so giftig, daß die Stimmbänder in Sekundenschnelle anschwellen. Wie zwei Wasserbälle. Die Luftröhre wird eng, der Atem geht plötzlich mit einem Pfeifton, von dem niemand sich vorstellen kann, wie er aus einer menschlichen Kehle kommt. Aber das ist noch nicht alles, das ist noch nicht tödlich. Denn jetzt kommt es zum Kehlkopfkrampf, zum reflektorischen Kehldeckelschluß, und das ist das Ende.

»Mensch Bag«, rief ich aus, und ich war wirklich und wahrhaftig in diesem Augenblick von einer (nicht ganz erklärlichen) Besorgnis erfüllt:

»Mach doch endlich deine Schnauze zu!«

Habe ich noch gerufen. – Dann war die Fliege weg.

Bag aber gab einen hohen Pfeifton von sich, einen sehr sehr hohen, der auch noch eine Weile anhielt. Ich glaube, er hat sogar noch gepfiffen, als er schon längst verschieden war.

11

So hätte ich denn in allen Ehren in Miami einziehen können. Nach Bags Ableben gab es niemanden, der auch nur piep sagen würde, wenn ich mir »ham'n eggs« bestellte: Ich war derjenige, der den Killer gekillt hat, abgeknipst, wenn das mehr zusagt, und der kleine Bruder ist auch sofort nach Kanada ausgewandert.

Ich wohnte dann wieder im Ritz, diesmal sicherlich unter glänzenderen Umständen, und zwar nach vorne hinaus mit Blick auf die weißen Turmbauten. Rechts blickte ich auf das Dach mit dem Bronzeglobus und links auf die schwarzsilberne Treppenpyramide – ich für meinen Teil habe überhaupt kein Verständnis für Leute, die sich aus reiner Angst in Key Biscane zu Tode langweilen.

Draußen an der Tür habe ich ein Schild angebracht: Hawk Steen, nichts weiter, und auch nicht so ein dünnes Blechding, sondern eines aus massivem Alloy, wie es die Manager und Investitionsberater haben. Ich kann mich bei meiner Reputation vor Aufträgen kaum retten, aber eben wegen dieser Reputation übernehme ich nur besonders delikate Fälle.

Wenn ich morgens in mein Eckrestaurant am Busstop frühstücken gehe, herrscht dort absolutes Schweigen – wenn ich eintrete. Ich habe meinen Platz an der vorderen Ecke der Bar, und niemandem fiele es im Traum ein, sich dort niederzulassen, auch dann nicht, wenn ich gar nicht anwesend bin. Übrigens, von Don Rosa kommen mit den besten Komplimenten drei Kisten Zigarren – von dieser grünen, fußlangen importierten Sorte –, und zugestellt werden sie von einem Subjekt namens Stinker Kowalsky oder Schimpansky, so genau habe ich nicht hingehört.

Meinen Freunden hier – um auch das noch auszuführen – imponiere ich durch tadellose Garderobe. Trage weiße Anzüge mit Nadelstreifen, nun, nicht so auffällig, und natürlich Seidenhemden von Ricci, Saphirblau, Karamel, Feuer und Rauch. Ich trage Gürtel und Schuhe von Vanguards (ziehe ich ganz entschieden italienischen vor), blaue Sonnenbrille von Clements, London.

Und noch etwas: Die Sunland Developing Cie. meldet sich unter neuer Regie. Das Gelände am Seminola Creek ist ganz groß im Kommen, man hat bereits mit Erdbewegungen angefangen; jeder, der dort auch nur einen Fußbreit Boden besitzt, ist jetzt Millionär. Nun bin ich ja Skeptiker und lasse mich nicht so leicht überzeugen, aber abends auf dem Empfang für die Grundeigentümer – einer pikfeinen Angelegenheit im Fontaine Bleau – haben sie doch tatsächlich ein Modell ausgestellt, auf dem der ganze Sumpf verschwunden und die Strandlinie zu aller Erstaunen direkt vor das Projekt gerückt ist, kein Mensch weiß, wie das technisch möglich war. Und es wäre auch wunderbar gewesen, den neuen Laguna Boulevard zu sehen und die neue Polizeistation und zu heiraten und kleine Jungen zu haben, alles das und noch mehr (ich glaube, sie wären im Stand gewesen, den Dreck tatsächlich auszubaggern), es hätte mir nicht einmal viel Mühe bereitet. Aber dann wiederum.

– – –

Was soll ich sagen. Ich bin dann doch zurückgekehrt, die Zeit war eigentlich um. Das Rad drehte sich noch, das Gras wehte noch immer langsam, und der Sonneneinfall, also der Schatten, der von diesem bestimmt wird, war auch nur ganz wenig weitergewandert, nur so einen Fingerbreit weiter. Was ist Zeit, zwei Sekunden, drei Sekunden, ein ganzes Leben: Es ist gewesen, das ist Zeit.

– – –

– – –

Er liegt auf dem Rücken, wie hätte er sich rühren sollen, hinter ihm steht der Baum, den sieht er nicht mehr, und die Rennwagenversion, die umgestürzt in dem blauseidenen Himmel steht, die ist wohl auch nicht mehr vorhanden. Nur das Rad, das Vorderrad, dreht sich noch – ein bißchen langsamer inzwischen, nein, eigentlich nicht, es sirrt noch immer frei dahin. Als ob es noch eine gewisse Entfernung zu bewältigen gäbe. Noch eine Weile lang.